青少年羽毛球入门教程

全彩图解
视频学习版

北京羽毛球队女队教练　索敌｜编

人民邮电出版社
北京

图书在版编目（CIP）数据

青少年羽毛球入门教程 ： 全彩图解视频学习版 / 索敌编. -- 北京 : 人民邮电出版社, 2022.6
ISBN 978-7-115-57540-1

Ⅰ. ①青… Ⅱ. ①索… Ⅲ. ①羽毛球运动－青少年读物 Ⅳ. ①G847-49

中国版本图书馆CIP数据核字(2021)第268747号

内 容 提 要

本书由北京羽毛球队女队教练索敌老师撰写。全书通过分步骤图解的方式，详细介绍了适合初学者学习的羽毛球技术，不仅可以为羽毛球初学者提供学习参考，还可以为羽毛球教练和体育老师提供丰富的教学内容和参考经验。

本书从需要了解的裁判员手势、术语、羽毛球场地、装备，以及击球技术分类等羽毛球基础知识讲起，然后着重讲解了开始打羽毛球前需要进行的热身活动、熟悉球性练习、羽毛球步法，以及接发球、杀球、高远球、吊球、挑球、放网前球、推球、扑球、平抽球等击球技术的练习要点，并针对技术的强化提供了专门的练习方法，以帮助羽毛球初学者更好地掌握技能。此外，本书还提供了部分技术及练习方法的真人示范视频，扫描书中的二维码即可观看。希望本书能够帮助羽毛球初学者更全面地学习，帮助羽毛球教练和体育老师更系统地教学。

◆ 编　　　索　敌
责任编辑　林振英
责任印制　马振武

◆ 人民邮电出版社出版发行　　北京市丰台区成寿寺路 11 号
邮编　100164　　电子邮件　315@ptpress.com.cn
网址　https://www.ptpress.com.cn
北京天宇星印刷厂印刷

◆ 开本：700×1000　1/16
印张：10.5　　2022 年 6 月第 1 版
字数：240 千字　　2025 年 11 月北京第 11 次印刷

定价：59.80 元

读者服务热线：(010)81055296　印装质量热线：(010)81055316
反盗版热线：(010)81055315

羽毛球初学者的“良师益友”

我 16 岁进入国家队，直到 28 岁时才拿到了第一个个人世界冠军，29 岁成为奥运会女单冠军，33 岁又拿到了第二个奥运会女单冠军，成为羽毛球史上首位奥运会单打卫冕冠军……一切似乎都来得有些晚，所以大家在总结我的职业生涯时最常用的词就是“大器晚成”。的确，这一路走来充满了艰辛，既有汗水也有泪水，但是回望这段人生经历，我从不后悔，也没有遗憾，因为我深深地爱着羽毛球这项运动。能够把自己的热爱变成职业并为之奋斗一生，是一件很幸福的事情。

索敌是2009年入选国家队的，在运动员时期取得过不错的成绩，退役后在北京羽毛球队任教，继续奋斗在一线，积极从事青少年羽毛球人才的培养工作，为中国羽毛球事业培育更多的后备军。看到我曾经教过的队员——索敌也成长为一名优秀的教练，并潜心撰写了一本关于羽毛球技术教学的图书，我感到非常的欣慰和自豪。

这本书以专业羽毛球运动员为模特，拍摄高清的图片与视频，将图片、视频、文字结合起来，全面展示羽毛球的基本技术动作与练习方法，让读者更容易理解、学习和掌握。这本书在内容设置上紧凑而直观，在介绍了羽毛球的基础知识后，着重分章介绍了适合初学者学习的羽毛球基本步法、熟悉球性练习、接发球技术以及各种击球技术等，致力于为读者打造一本技术框架清晰、技术讲解详细的羽毛球入门级指导书，可谓羽毛球初学者的“良师益友”。

羽毛球在中国是一项普及很广的运动，拥有良好的群众基础。同时中国运动员在各种级别的羽毛球赛事中均取得过优异的成绩，竞技水平居于世界前列。衷心祝愿我国的羽毛球事业能够蓬勃发展，祝愿中国羽毛球运动员能够再创佳绩，也希望未来能有更多的青少年参与到羽毛球运动中来，因为不论是把它发展成为自己的事业，还是把它培养成为可以坚持一生的兴趣爱好，羽毛球运动都是一个非常不错的选择。

中国国家羽毛球队前女单主教练

两届奥运会羽毛球女单冠军

世界羽毛球联合会名人堂成员

张宁

2021 年 7 月于北京

目录

第 3 章　步法　020

第 4 章　发球技术　037

阅读说明

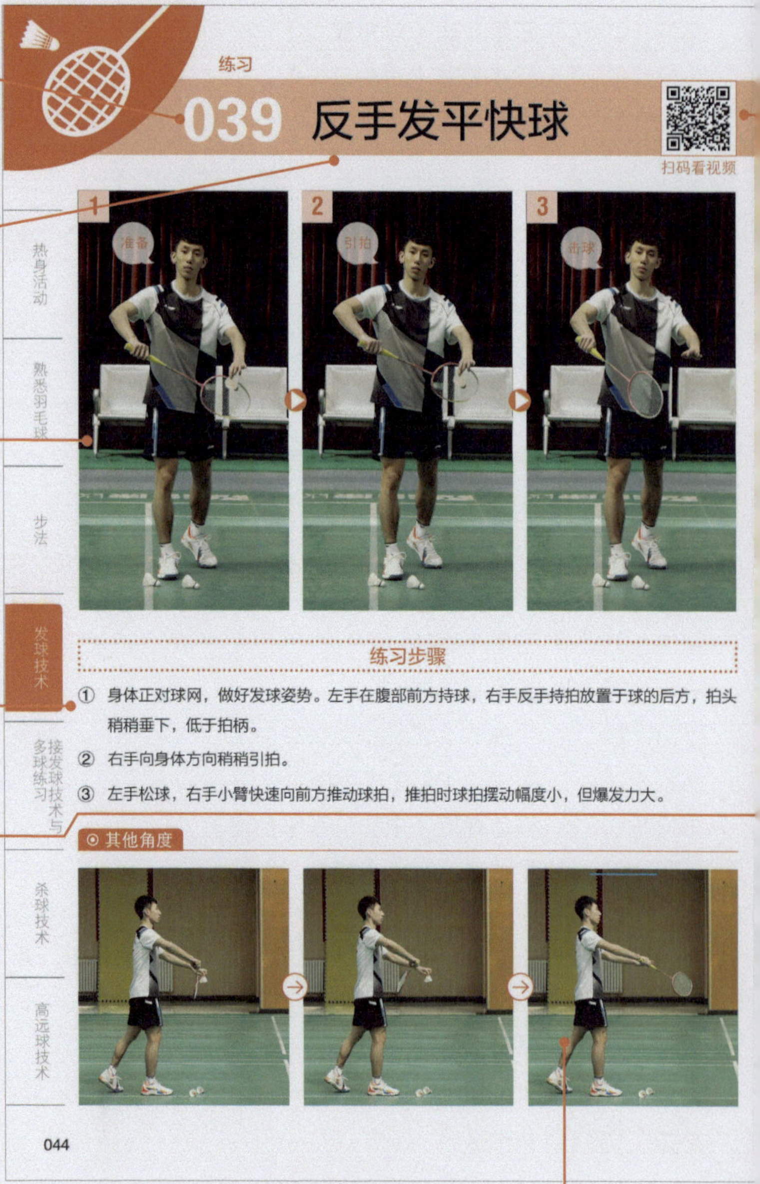
练习
039 反手发平快球
扫码看视频
1
准备
2
引拍
3
击球
热身活动
熟悉羽毛球
步法
发球技术
多球练习
接发球技术与
杀球技术
高远球技术
练习步骤
① 身体正对球网，做好发球姿势。左手在腹部前方持球，右手反手持拍放置于球的后方，拍头稍稍垂下，低于拍柄。
② 右手向身体方向稍稍引拍。
③ 左手松球，右手小臂快速向前方推动球拍，推拍时球拍摆动幅度小，但爆发力大。
其他角度
044

动作序号

该技术动作在本书中讲解的排序。

动作名称

技术动作的名称。

动作图片

技术动作的步骤图片展示。

练习步骤

技术动作的详细步骤文字解说。

二维码

扫描二维码可以直接观看该动作的示范视频，更好地学习动作过程。

多角度展示

多角度的图片展示技术动作的步骤，以更全面地展示技术要点。

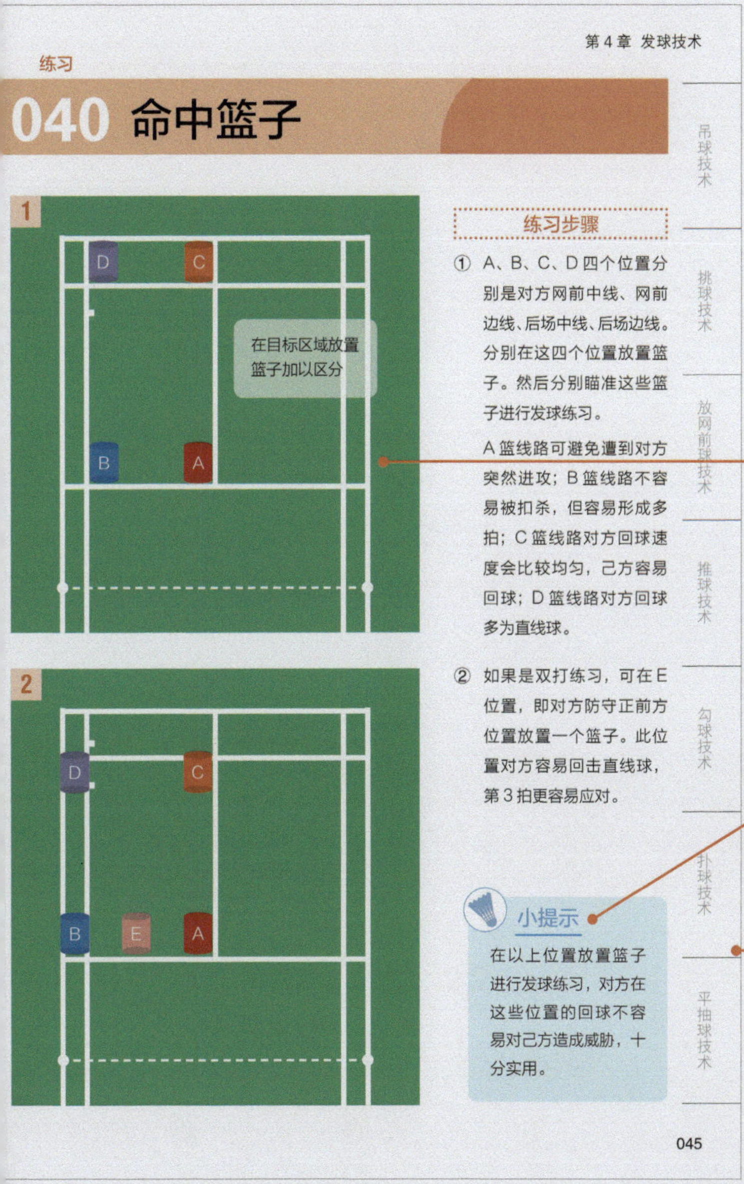

第 4 章 发球技术

练习

040 命中篮子

1

在目标区域放置篮子加以区分

2

练习步骤

① A、B、C、D 四个位置分别是对方网前中线、网前边线、后场中线、后场边线。分别在这四个位置放置篮子。然后分别瞄准这些篮子进行发球练习。

A 篮线路可避免遭到对方突然进攻；B 篮线路不容易被扣杀，但容易形成多拍；C 篮线路对方回球速度会比较均匀，己方容易回球；D 篮线路对方回球多为直线球。

② 如果是双打练习，可在 E 位置，即对方防守正前方位置放置一个篮子。此位置对方容易回击直线球，第 3 拍更容易应对。

小提示

在以上位置放置篮子进行发球练习，对方在这些位置的回球不容易对己方造成威胁，十分实用。

吊球技术 挑球技术 放网前球技术 推球技术 勾球技术 扑球技术 平抽球技术

045

示意图

部分动作配有详细的训练方式的示意图，可以更好地展示训练过程，方便读者学习。

小提示

总结训练过程中的重点和需要注意的问题。

索引

搜索想要学习的技术。

羽毛球基础知识

在学习羽毛球之前，我们需要先了解与羽毛球运动相关的基础知识，如裁判员手势及术语、羽毛球构造、场地、装备等，以快速进入羽毛球的世界。

■ 裁判员手势及术语

裁判员手势及其代表的术语如下。

停止练习

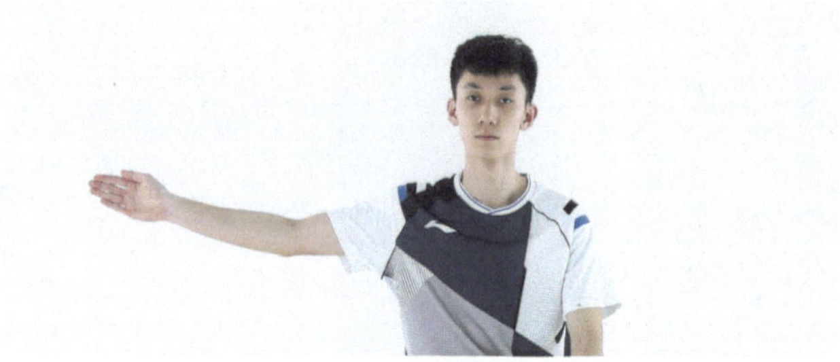

换发球（指向发球方）

挑战鹰眼或裁判长

黄牌 / 红牌 / 黑牌警告

暂停

技术解说

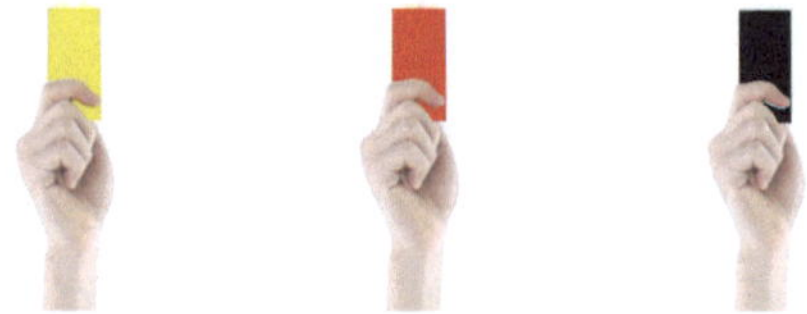

羽毛球比赛中的出牌判罚，有黄牌警告、红牌警告与黑牌警告。最后一种最为严厉。

发球裁判员手势及术语

发球裁判员手势及其代表的术语如下。

未连贯击球

过手（违例）

过腰

未击中球托

发球踩线（违例）

小提示

遵从羽毛球规则，守护比赛公平，是裁判员和司线员的基本工作准则，是比赛顺利进行的有力保障。

司线员手势及术语

司线员手势及其代表的术语如下。

界外

界内

未看清

球场

球场是进行训练和比赛的场地，是羽毛球运动的基础设施。

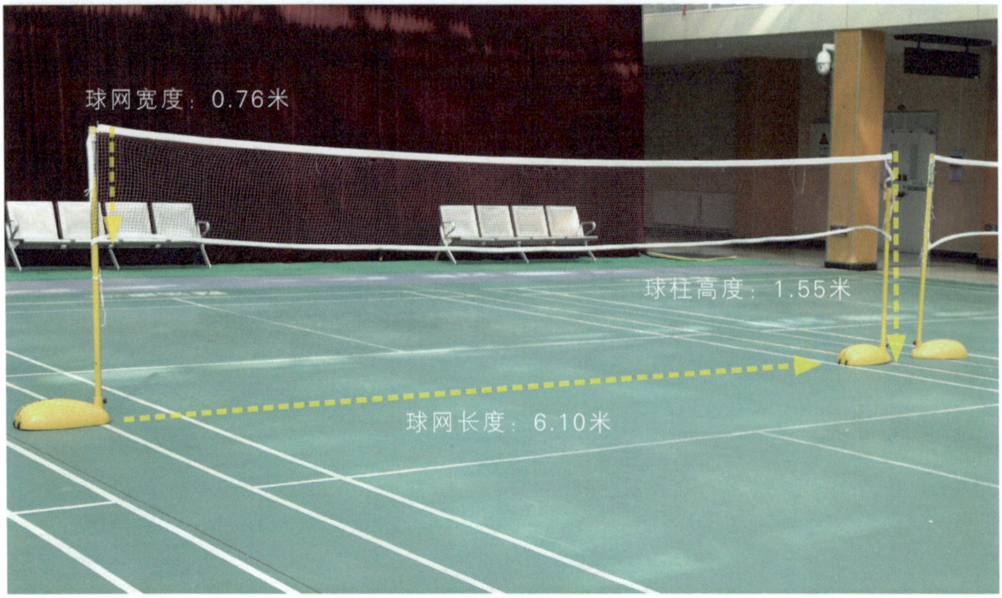

羽毛球场地是长方形的，横向由中线将其分为左右两个半区，纵向由球网分为两个半场，每个半场被分为前场、中场、后场。球网高度在边线处为 1.55 米，中间处为 1.524 米。场地的空间高度至少为 9 米，且在周围 2 米的区域内，不能放置其他物品。场地线的宽度均为 4 厘米。

在各自的半区内，前发球线至球网之间的区域为前场，前发球线至双打的后发球线之间的区域为中场，中场之后到端线的区域为后场。

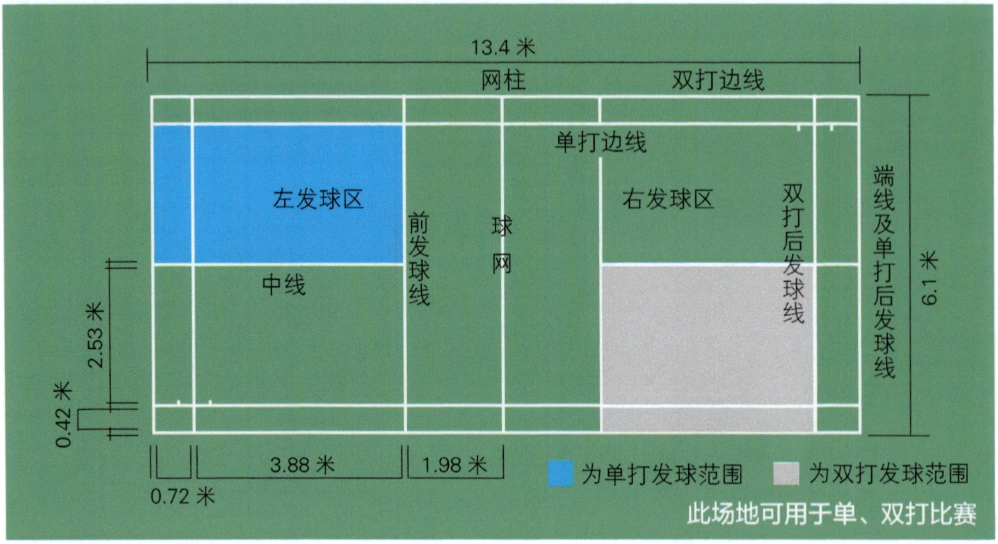

装备

装备是进行羽毛球运动必要的用具，有球拍、球、球鞋以及服装等。

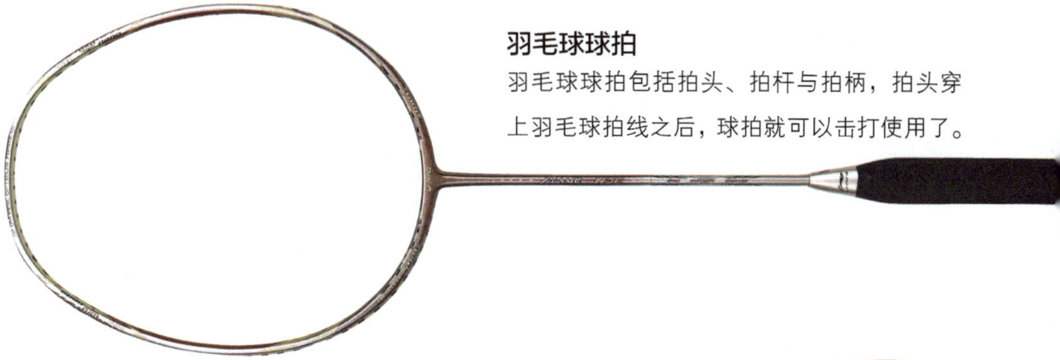

羽毛球球拍

羽毛球球拍包括拍头、拍杆与拍柄，拍头穿上羽毛球拍线之后，球拍就可以击打使用了。

小提示

在购买羽毛球球拍后，可以在拍柄上缠一层手胶，手胶可以增加手和拍柄之间的摩擦力，也可以及时吸汗。

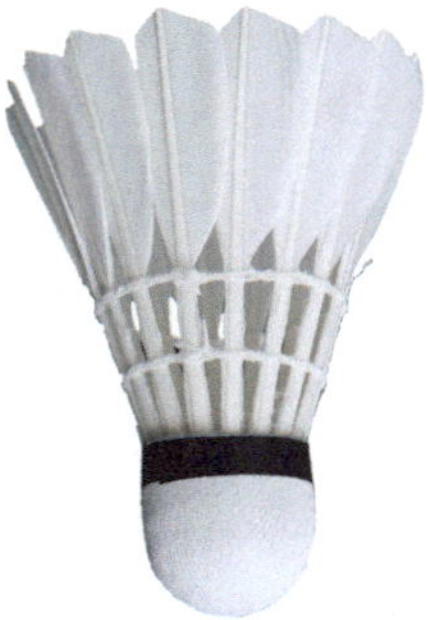

羽毛球

羽毛球的结构包括球托和羽毛，以外形整齐、毛杆粗壮为宜。

羽毛球鞋

羽毛球鞋能防滑、减震，并能保护脚踝。

羽毛球服装

羽毛球服装以透气、吸汗、速干、轻便、舒适为宜，不能太紧或太宽松，以方便运动为准。

女装　　男装

■ 主要击球技术

击球技术是我们必须要掌握的羽毛球技术，有很多种。下面介绍各种击球技术。

高远球

即采用较高的高度、较长的弧线将球击打至对方后场的击球技术。

吊球

在对方来球较高时，用合适的力度，通过击打、切、劈等方式将球击向对方前场附近的击球技术。

杀球

在对方来球较高时，在较高的击球点，沿直线角度，用大力度将球快速击向对方场地的击球技术。

搓球

用球拍搓击球托的一侧，让球用翻滚的姿态落到对方网前的击球技术。

勾球

将对方击打过来的左侧或右侧的网前球，沿对角线落在对方网前角落的击球技术。

扑球

将对方击打至己方前场的球，用扑压的动作击球，使球落在对方网前的击球技术。

挑球

面对来球为吊球或网前球，且己方处于被动状态时，将球挑向对方后场的击球技术。

放网（放网前球）

即所击打出的球在过网后，会下落至对方网前区域的击球技术。

平抽球

来球在中场且击球点在身体两侧，不高过肩部，不低于腰部，并将球平扫至对方场地的击球技术。

推球

来球位于己方网前，且击球点比较高时，用稍稍平一些的弧度快速把球推向对方后场底角的击球技术。

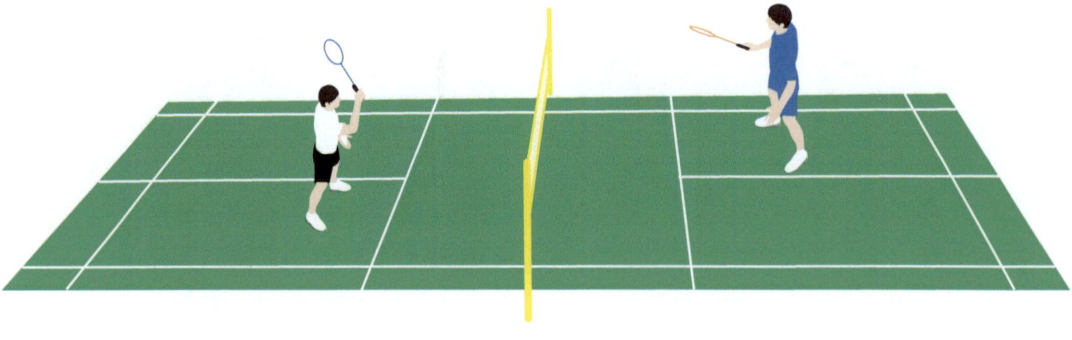

第 1 章
热身活动

在比赛和训练开始前进行热身活动，可以使体温在短时间内升高，肌肉的弹性和柔韧性得到提升，关节也会变得更灵活，最终提升运动效率。羽毛球运动的热身，除了常规的针对身体主要肌肉和关节的热身方式之外，还可以结合羽毛球的特点进行。

001 旋转绕颈

扫码看视频

1

2

3

匀速绕颈，速度不可太快

小提示

在运动前进行旋转绕颈动作可以拉伸并放松颈部肌肉，使头部转动更灵活，并避免运动损伤。

练习步骤

① 身体自然正直站立，双脚自然分开与肩同宽，双手叉腰。

② 向下低头，目光随之向下看。

③ 沿顺时针方向，头部向右侧开始转动。

④ 继续顺时针将头部向后方转动。

⑤ 继续将头部经身体左侧向前方旋转。

⑥ 头部环绕一周后，回到起始位置。重复动作。然后再沿顺时针方向转动。

4

5

保持身体不动

6

练习

002 手臂运动

扫码看视频

练习步骤

①～③ 身体自然正直站立，两脚稍稍分开与肩同宽，双臂位于身体两侧。然后双臂开始从后向上做绕环运动。

④～⑦ 双手一直绕至头顶上方，再接着向前、向下绕，直至恢复初始姿势。完成一定次数。也可从前向后进行绕环运动。

练习

003 肩部绕环

扫码看视频

1

2

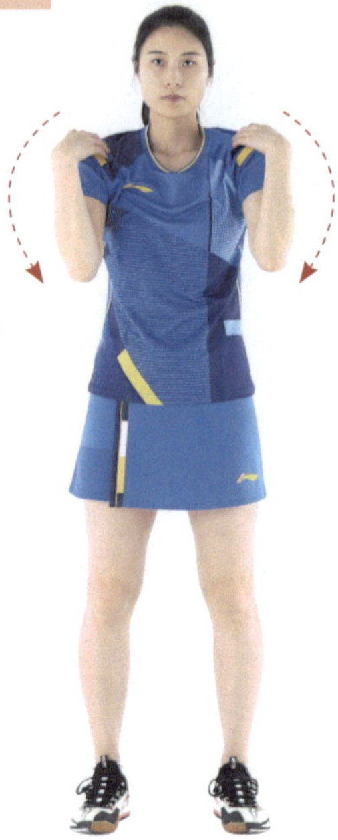

3

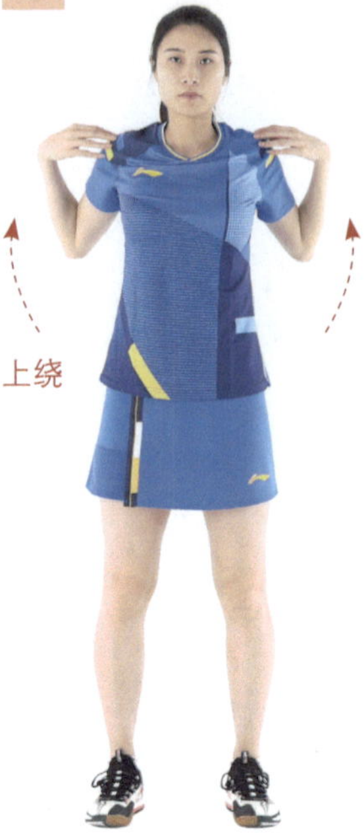

4

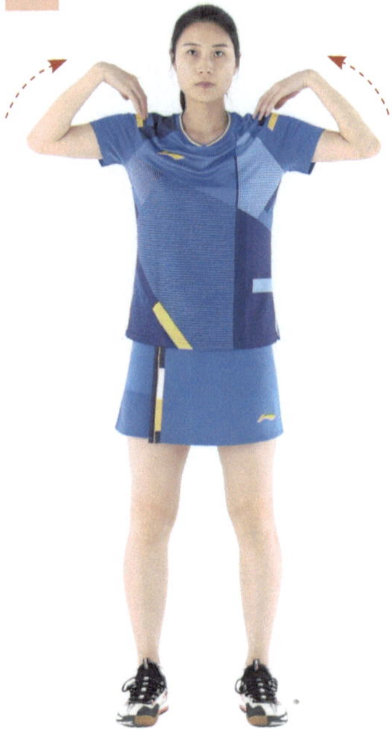

5

练习步骤

① 身体自然正直站立，两脚稍稍分开与肩同宽，双臂抬平屈肘，并将双手搭在肩部。

② 以肩关节为轴心，双臂开始向前、向下绕环。绕至身体前方。

③ 向后、向上做绕环。

④ 双臂绕至位于身体两侧。

⑤ 继续向上、向前绕环，直至绕环一周。完成一定次数。也可以从后向前进行绕环。

练习

004 站姿耸肩

扫码看视频

练习步骤

① 身体自然正直站立，两臂自然下垂放在身体两侧。

② 身体不动，保持肩部灵活，然后两肩向上耸，再放下。完成一定次数。注意上耸时不要出现弓背的情况。

1

2

两肩上耸

小提示

保持肩部的灵活性对羽毛球运动很重要，尤其是挥拍动作。

⊙ 其他角度

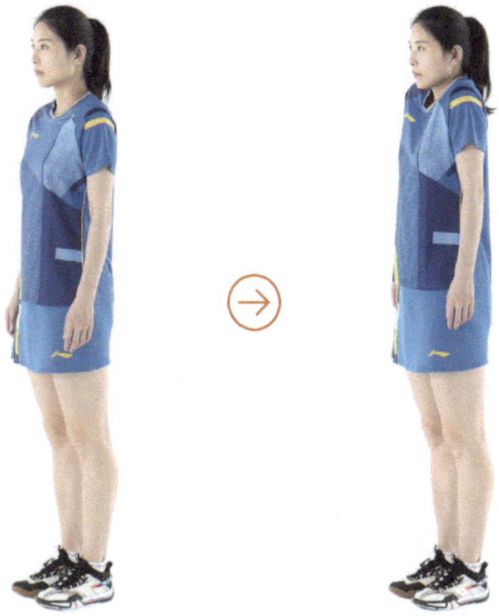

技术解说

注意肩部向上耸，不要向前移动导致弓背的情况。

练习

005 斜抱腿

扫码看视频

1

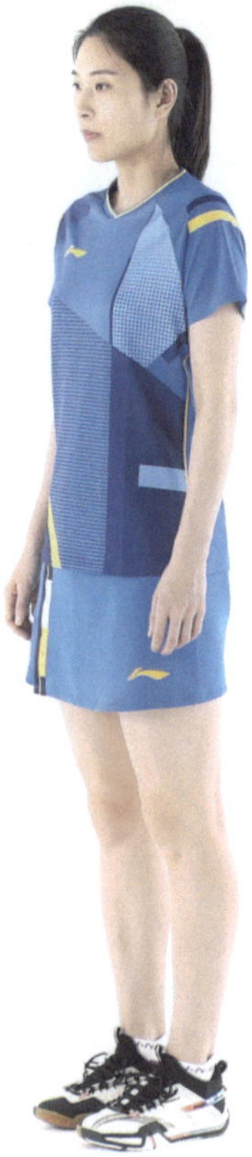

2

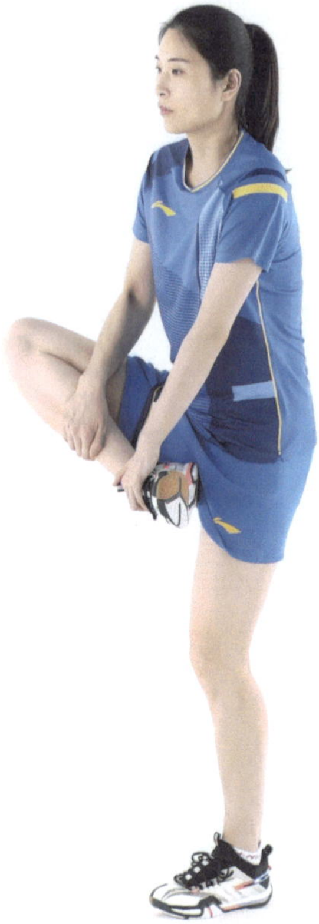

3

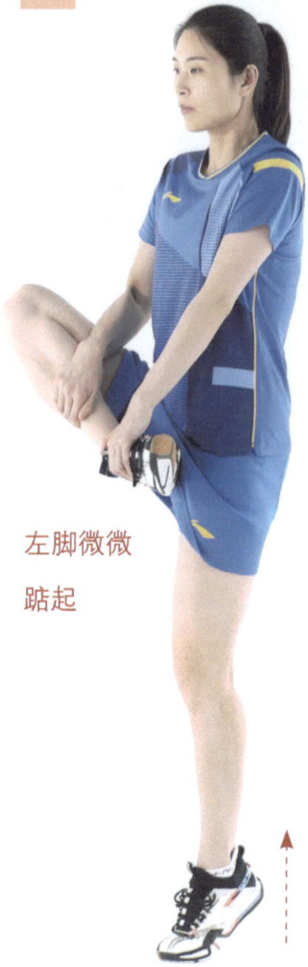

练习步骤

① 身体自然正直站立，双臂在身体两侧自然下垂，抬头目视前方，整体上保持放松状态。

② 抬起右腿，大小腿折叠，双手分别抓住脚踝两头，即脚背和小腿下部，将右腿向上提起。

③ 左腿支撑身体，微微踮脚，提升髋关节拉伸程度。然后回到准备姿势，换左腿做同样动作。

小提示

在羽毛球运动中，下肢的移动很重要。活动髋关节，提升髋部灵活性，可以使下肢动作更灵敏。

练习

006 正压腿

扫码看视频

1

练习步骤

① 双腿呈前后分开状，右腿屈膝在前，左腿绷直在后，呈右弓步状。双手放于右腿膝盖上。开始向下多次适度压腿，身体保持正直，不要来回晃动。

② 回到准备姿势，换左腿屈膝在前，右腿绷直在后，重复同样的动作。

2

技术解说

膝盖位于脚部正上方，且与脚尖方向保持一致。

其他角度

练习

007 侧压腿

扫码看视频

1

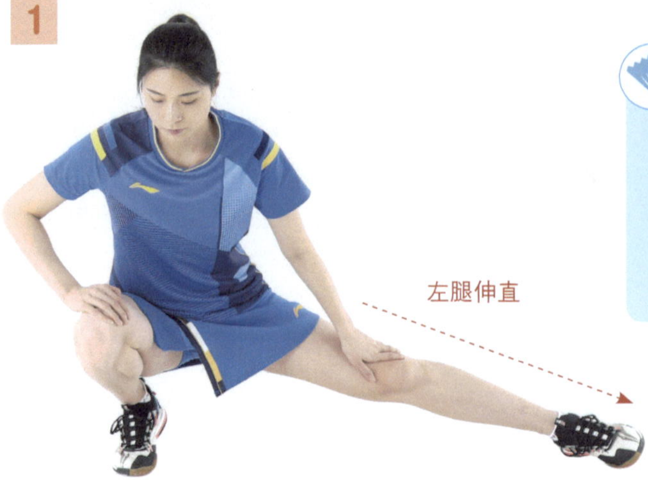

小提示

压腿时注意保持身体稳定，不要前后晃动。下压力度不要太大，使腿部有适度的拉伸感即可。

2

练习步骤

① 下蹲，右腿屈膝，左腿向左侧伸直。双手分别扶在双腿的膝关节处。保持身体稳定，大腿内侧应有一定程度的拉伸感，保持该姿势，持续一段时间。

② 换左腿屈膝，右腿向右侧伸直，双手扶膝，保持一定的时间。

⊙ 其他角度

练习

008 高抬腿跨羽毛球

扫码看视频

练习步骤

① 取 7~8 个羽毛球，将其等距离排成一列，两个羽毛球之间的距离以不影响脚部跳跃动作为宜。

② 站在羽毛球列的一端，开始向前做高抬腿跑，每次落脚恰好落在两个羽毛球之间的空位。完成一定次数。

技术解说

要求脚尖着地，跳动轻快。手臂配合上下摆动。

009 跳过羽毛球

扫码看视频

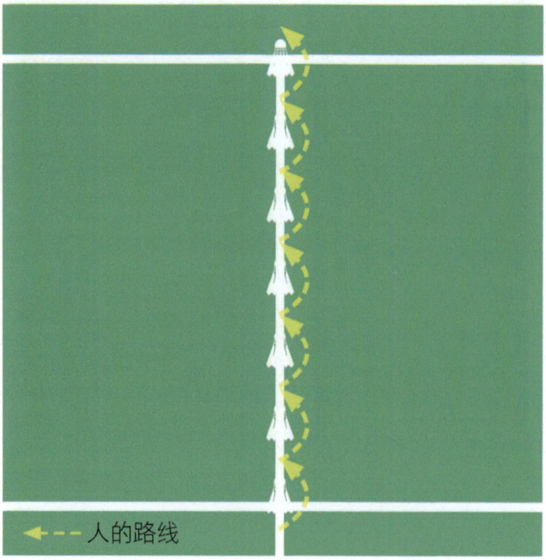

练习步骤

取 7~8 个羽毛球，将其等距离排成一列，两个羽毛球之间的距离以不影响脚部跳跃动作为宜。双脚并拢，向前逐一跳过羽毛球。或者身体朝向一侧逐一跳过羽毛球。

小提示

运动过程中双脚的起跳不用太高，中途不要停，要保持良好的节奏。

练习

010 并步穿过羽毛球

扫码看视频

练习步骤

①～② 在羽毛球后站立，双脚前后分开，右脚在前，左脚在后。左脚蹬地发力，身体向右跃起，使右脚落于第一个羽毛球右前方，左脚落在第一个羽毛球后方。

③～④ 右脚蹬地发力，左脚沿右侧绕过第一个羽毛球。右脚继续蹬地发力，身体向左跃起，左脚落于第二个羽毛球左前方，右脚落于第二个羽毛球后方。

⑤～⑥ 左脚蹬地发力，右脚沿左侧绕过第二个羽毛球。左脚继续蹬地发力，身体向右跃起，使右脚落于第三个羽毛球右前方，左脚落在第三个羽毛球后方。如此重复下去，直至用并步穿过所有羽毛球。

第 2 章
熟悉羽毛球

熟悉羽毛球，包括了解球拍的握法，掌握羽毛球运动的基本姿势，以及熟悉球性等。这些最基本的知识和操作，会让接下来的学习更容易。

练习

011 基本姿势

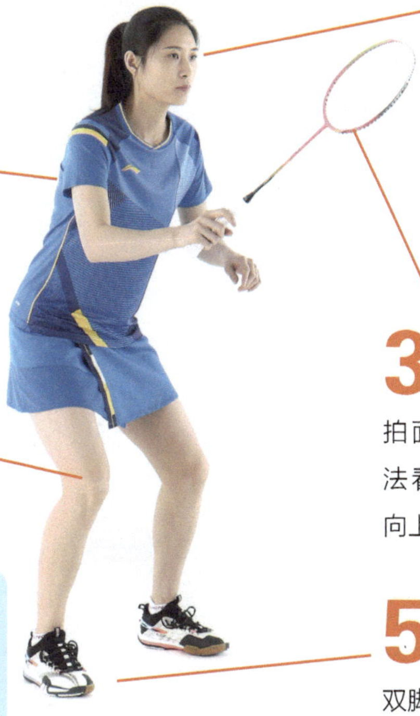

1 视线

面向正前方，注视对面场地。对方挥拍时一边看球一边预判球到落点的飞行轨迹。

2 上身

上身放松。肩膀过于紧绷或腰背过于僵硬都会使动作迟缓。

3 球拍

拍面立起，使对方无法看到拍面。拍头稍向上斜。

4 膝关节

膝关节在不用力的状态下略微弯曲。

5 站姿

双脚分开站立，右脚略靠前，重心略向前移。

小提示

本书所有与持拍相关的技术动作均以右侧为优势侧进行描述，左侧为优势侧的运动员以相反方向为准。

错误姿势

▲ 两脚分开距离过大

▲ 肘部过高

▲ 球拍上举过高

012 球拍握法

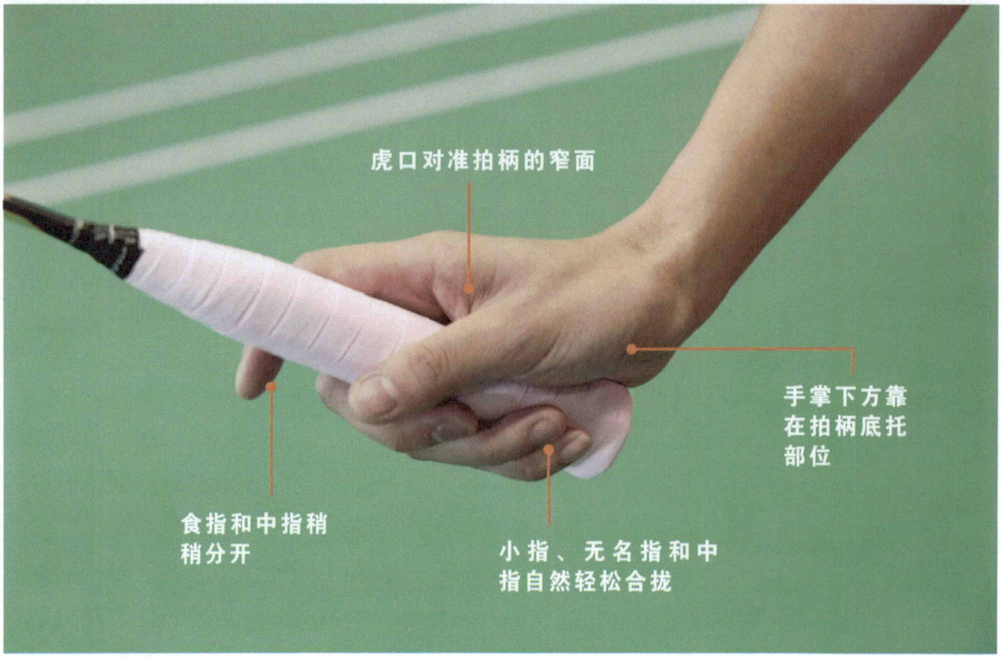
虎口对准拍柄的窄面
手掌下方靠在拍柄底托部位
食指和中指稍稍分开
小指、无名指和中指自然轻松合拢

其他角度

正面状态

背面状态

小提示

正确握拍姿势是正确学习技术的前提，如果不能保证握拍姿势正确，会影响后期技术的学习和发挥。

技术解说

判断握拍姿势是否正确的方法之一，就是从自己的角度能否轻松看到拍框的侧面。而别人从拍子两侧看到的是拍面。

练习

013 捡球

扫码看视频

练习步骤

① 右手持拍站在羽毛球前。

② 俯身，同时将拍子与地面呈一定角度侧立在羽毛球边靠近球托的位置。

③ 右臂快速左旋，带动拍面向上、向右旋转，将球抄起。

⊙ 其他角度

▲ 贴近球托位置

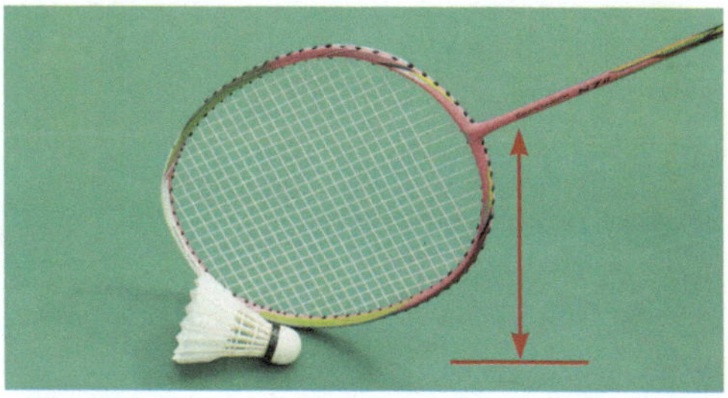

▲ 从侧面可以看到拍子的拍面

014 颠球

扫码看视频

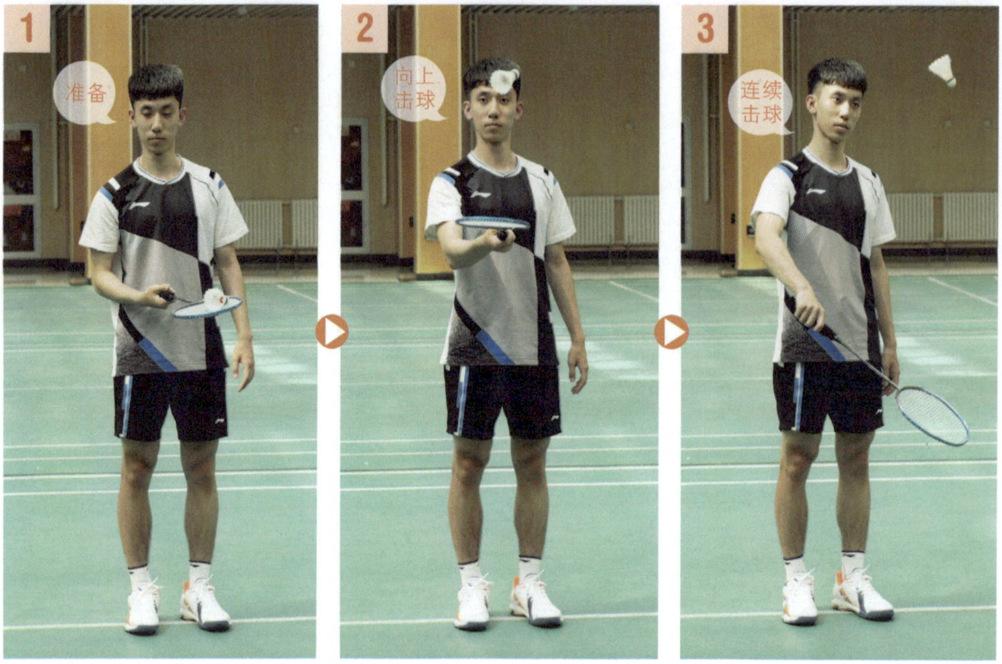

练习步骤

① 身体自然正直站立，双脚稍稍分开。右手持拍在腹部前方端平，将羽毛球放在拍面上。

② 向上托击羽毛球，然后翻转球拍，跟随羽毛球落下的位置，准备接球。

③ 用球拍主动追随羽毛球，将其向上托击。交替用球拍的正反面进行颠球练习，找到球感。

其他角度

技术解说

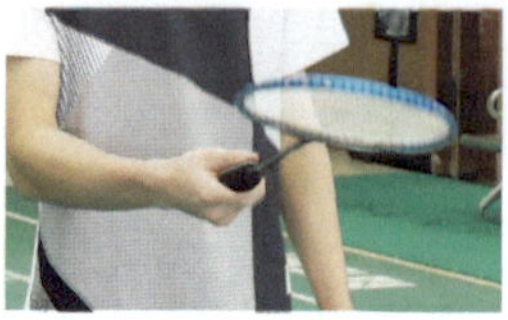

颠球练习时，拍面近似水平。向上托击球时，手臂不要发力太大。

练习

015 停球

扫码看视频

练习步骤

① 身体自然正直站立，双脚稍稍分开。右手持拍在腹部前方端平，将羽毛球放在拍面上。

② 将拍面沿一定弧度向右上方挥去，将球带向空中。

③ 在球下落过程中，球托向下时，球拍朝向球的一面，顺着球的轨迹贴球下移，在拍杆水平时小臂外旋，使拍面截住球，停球成功。

小提示

此动作可培养球感，以及对球的操控能力。在面对对方有力的来球时，此动作可以起到卸力的作用。

练习

016 托球跑

扫码看视频

练习步骤

① 右手持拍在腹部右侧方端平，将羽毛球放在拍面上，球托向前。

② 一边观察球拍和球的状态，一边向前跑。注意拍面稍稍抬高球的羽毛一端所在方向，防止跑动过程中产生的风把球吹掉。

③ 保持一边观察球拍和球的状态，一边向前跑。

其他角度

练习

017 挥空拍

扫码看视频

练习步骤

① 面对球网，以准备姿势站立。

② 右脚后撤，向右转体 90 度，同时右臂跟随向后方引拍。

③ 引拍至身后。击球前向左转体 90 度。

④ 右臂向前上方挥拍。

⑤ 右臂带动球拍向身体左下方收回。

第3章 步法

步法是配合羽毛球的击球、接球等技术使用的重要下肢移动技术，优秀的羽毛球技术必须配合灵活有力的步法。因此，步法是羽毛球基本学习内容之一。

练习

018 并步（向前）

扫码看视频

练习步骤

① 面对球网，以准备姿势站立。

② 开始起动，左脚蹬地发力，右脚向右前方迈出一步。

③ 左脚快速向右脚跟步。

④ 左脚落地后，右脚迅速再向右前方迈出一步，完成并步。

小提示

并步时步幅的大小可根据来球与自己距离的远近而定。使用并步能及时调整身体重心，并节省体力。

019 并步（向后）

扫码看视频

练习步骤

① 面对球网，以准备姿势微微屈膝站立。

② 开始起动，左脚蹬地发力右脚向右后方撤一步。

③ 左脚快速向右脚跟步。

④ 左脚落地后，右脚迅速再向右后方撤一步，完成并步。向后并步与向前并步的基本动作要领一样，但方向不一样。

小提示

在球场上，根据来球与自己身体的位置关系，既可以做向前并步，也可以做向后并步，需要及时调整状态。

练习

020 并步（横向）

扫码看视频

练习步骤

① 面对球网，以准备姿势站立。

② 左脚蹬地发力，右脚向右迈出一步。

③ 左脚跟随并向右脚。

④ 右脚向右再迈出一步。

小提示

并步动作简单，步伐频率快，调整灵活，但移动距离不是很大，适合短距离快速移动。并步一般不与交叉步混合使用，否则容易扰乱移动节奏。

技术解说

并步时前脚掌发力，不能双脚同时跳起移动。

021 交叉步（向后）

扫码看视频

练习步骤

① 面对球网，以准备姿势站立。

② 左脚蹬地发力，向右转体侧身，右脚后撤一步。双臂配合上举。

③ 左脚向右脚的后方交叉后退。

④ 左脚落地后，右脚后撤，交叉步完成。右臂配合做引拍动作。

小提示

交叉步的单脚移动距离大，在来球离自己较远时，可以使用交叉步快速到达击球点。

练习

022 交叉步（正手上网）

扫码看视频

练习步骤

① 面对球网，以准备姿势站立。

② 身体重心前移，左脚经右脚的前面，向右前方上步。右臂配合前伸。

③ 左脚落地后，右脚向右前方跨一大步，脚跟先着地。身体带着左脚有拖曳动作。右臂配合挥拍击球。

⊙ 其他角度

023 交叉步（反手上网）

扫码看视频

练习步骤

① 面对球网，以准备姿势站立。

② 判断来球方向在己方反手网前，且距离自己稍远时，右脚蹬地发力，向左侧身，同时左脚向身体左前方迈步。

③ 左脚落地，右脚向左前方做交叉步。同时将正手握拍调整为反手握拍。右脚落地，右臂配合做击球动作。

小提示

在来球距离自己稍远的反手网前时，可使用交叉步反手上网步法配合击球。

练习

024 蹬跨步（正手上网）

扫码看视频

练习步骤

① 面对球网，以准备姿势站立。

② 判断来球方向在己方正手网前时，左脚蹬地发力，右脚向右前方跨出一大步。

③ 右脚脚跟先着地，右臂配合做挥拍击球动作。左脚脚尖内侧跟随做拖曳动作。

技术解说

跨出一步的大小和方向，根据来球的远近和方向而定。

练习

025 蹬跨步（反手上网）

扫码看视频

练习步骤

① 面对球网，以准备姿势站立。

② 判断来球方向在己方反手网前时，左脚蹬地发力，向左侧身，右脚向身体左前方跨出一大步，左脚脚尖内侧跟随做拖曳动作，同时右手反手握拍，右臂配合做反手击球动作。左臂向后打开，保持身体平衡。

练习

026 并步跨步

扫码看视频

练习步骤

① 面对球网，以准备姿势站立。

② 左脚蹬地发力，右脚向右前方迈一步。

③ 左脚跟随右脚向前迈一步，且落地时蹬地发力。

④ 借助左脚蹬地的力量，右脚向右前方跨出一大步，脚跟先着地，脚尖朝向来球方向，同时挥拍击球。左脚跟随做拖曳动作。

小提示

蹬跨步多用于上网击球。最后一步右脚跨出时，步子要大，脚跟先着地，且脚尖要朝向来球的方向。

练习

027 交叉跨步（正手上网）

扫码看视频

练习步骤

① 面对球网，以准备姿势站立。

② 判断来球方向在身体右前方时，右脚上前 一步。

③ 左脚向前做交叉步。

④ 右脚向来球方向再跨一步，同时球拍伸向来球的方向。

⑤ 右脚着地，同时右臂配合做正手击球动作。左脚脚尖内侧跟随做拖曳动作。

小提示

当来球距离自己较远时，需要用交叉步加一个跨步接近来球。最后一步右脚着地时，脚跟先着地。

练习

028 交叉跨步（反手上网）

扫码看视频

练习步骤

① 面对球网，以准备姿势站立。

② 判断来球方向在己方反手网前，且距离自己比较远时，左脚蹬地，向左侧身，右脚迈向身体左前方。

③ 左脚向左前方做交叉步，同时右臂配合内旋，反手握拍，用球拍反面迎球。

④ 左脚落地后，右脚向左前方跨出一大步，左脚脚尖内侧跟随做拖曳动作。右脚落地后击球。

小提示

当来球在己方反手网前且距离自己较远时，可使用跨步加交叉步的步法。注意反手击球时左臂配合向后打开，保持身体平衡。

练习

029 一步后退（正手）

扫码看视频

练习步骤

① 面对球网，以准备姿势站立。

② 判断来球方向在己方正手后场，且距离不太远时，右脚向右后方撤一步，同时左脚向右后方蹬地发力，右脚落地后同样辅助起跳，向右后方跳起。右臂向右后方引拍，左臂配合抬起。

③ 腾空时身体向左转动，挥拍，做击球动作。

技术解说

蹬跨步右脚落地后，起跳击球前有一个屈膝动作，这样可以缓解身体受到的冲击力，且增加弹跳高度。

练习

030 两步后退（正手并步）

扫码看视频

1

2

3

4

练习步骤

① 面对球网，以准备姿势站立。

② 判断来球方向在己方正手后场稍远的位置时，左脚蹬地发力，向右侧身 90 度，右脚向身体右后方跨出一步。

③ 左脚并步。

④ 左脚着地后蹬地发力，带动身体向上跳起，右手持拍并向头部后方引拍，配合做出击球动作。

小提示

当来球在己方后场且距离自己稍远时，可采取向右后方做蹬跨步加一个并步再加一个蹬跨步的步法，然后起跳击球。

031 三步后退（正手交叉步）

扫码看视频

练习步骤

① 面对球网，以准备姿势站好。

② 判断来球方向在己方正手后场，距离远时，左脚蹬地发力，右脚向右后方做一个蹬跨步，双臂配合抬起。

③ 左脚从右脚后方再向后方做一个交叉步。

④ 紧接着右脚再向后做一个跨步。

⑤ 右脚着地后蹬地发力，带动身体向上跳起，右手持拍并向头部后方引拍，接着击球。

练习

032 两步后退（头顶正手）

扫码看视频

练习步骤

① 面对球网，以准备姿势站好。

② 判断来球方向在己方反手后场不远的位置时，左脚蹬地发力，身体向右侧身，右脚伴随侧身向后方跨出一大步，使击球点位于自己左肩上方。左臂配合抬起。

③ 右脚落地后蹬地发力，带动身体向上跳起，右手持拍并向头部后方引拍，做击球动作。

小提示

来球在反手后场距离不远时，身体向来球方向转体，做一个蹬跨步即可以实现回击来球。

技术解说

头顶击球，为了击中较高的头顶来球，要跳起击球。

033 三步后退（头顶正手）

扫码看视频

练习步骤

① 面对球网，以准备姿势站好。

② 判断来球方向在己方反手后场，且距离较远时，左脚蹬地发力，身体向右后方做一个蹬跨步，双臂配合抬起。

③ 左脚并步。

④ 右脚向后方做一个蹬跨步。

⑤ 右脚落地后蹬地发力，带动身体向上跳起，右手持拍并向头部后方引拍，配合做击球动作。

小提示

来球在反手后场，且距离不太远时，做一个蹬跨步加一个并步再加一个蹬跨步，即可以实现头顶击球。

第 4 章
发球技术

发球是羽毛球最基本的技术之一，它需要技术能力、判断能力，以及决策能力。好的发球不仅仅是单纯的发球，如果能充分发挥发球的技术和战术优势，可以让对方措手不及，让己方处于上风。

发球规则

■ 发球和重发球

（1）得分方同时获得发球权。一局中，发球员的得分为 0 或双数时，双方运动员均应在各自右发球区发球或接发球；发球员得分为单数时，双方运动员均应在各自左发球区发球或接发球。

（2）以下情况，运动员应重发球。重发球时，如果最后一次发球无效，原发球员重发球。

①遇到不能预见的意外情况。

②除发球外，球过网后挂在网上或停在网顶。

③发球时，发球员和接发球员同时违例。

④发球员在接发球员未做好准备时发球。

⑤比赛进行中，球托与球的其他部分完全分离。

⑥司线员未看清球的落点，裁判员也不能做出决定时。

错误姿势

▲ 拍头未低于持拍手部

▲ 发球过腰

技术解说

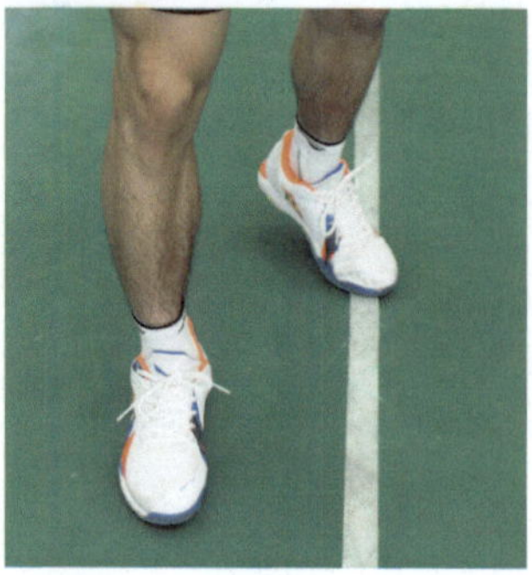

发球时双脚前后分开站立，距离与肩宽相同。持拍侧的脚在前。

练习

034 正手发网前球

扫码看视频

练习步骤

① 双脚左前右后站于中场，重心放在右脚。身体侧对球网，左手持球举至接近眼睛的高度。右手持拍向后屈肘举起。

② 重心前移，身体左转，右手持拍向后向下引拍。

③ 继续向左转体，使身体正对球网，右手持拍前挥。身体重心也跟随转移到左脚。

④ 轻轻击球，将球击向对方网前。

练习

035 反手发网前球

扫码看视频

练习步骤

① 右脚前左脚后站于中场，将身体重心放在左脚。身体正对球网。

② 左手在腹部前方持球，右手反手持拍放置于球的后方，拍头稍稍垂下，低于拍柄，然后稍稍向身体方向引拍。

③ 左手松球，右手拇指前顶拍柄且手腕发力，向前击球，将球击向对方网前。

⊙ 其他角度

练习

036 正手发高远球

扫码看视频

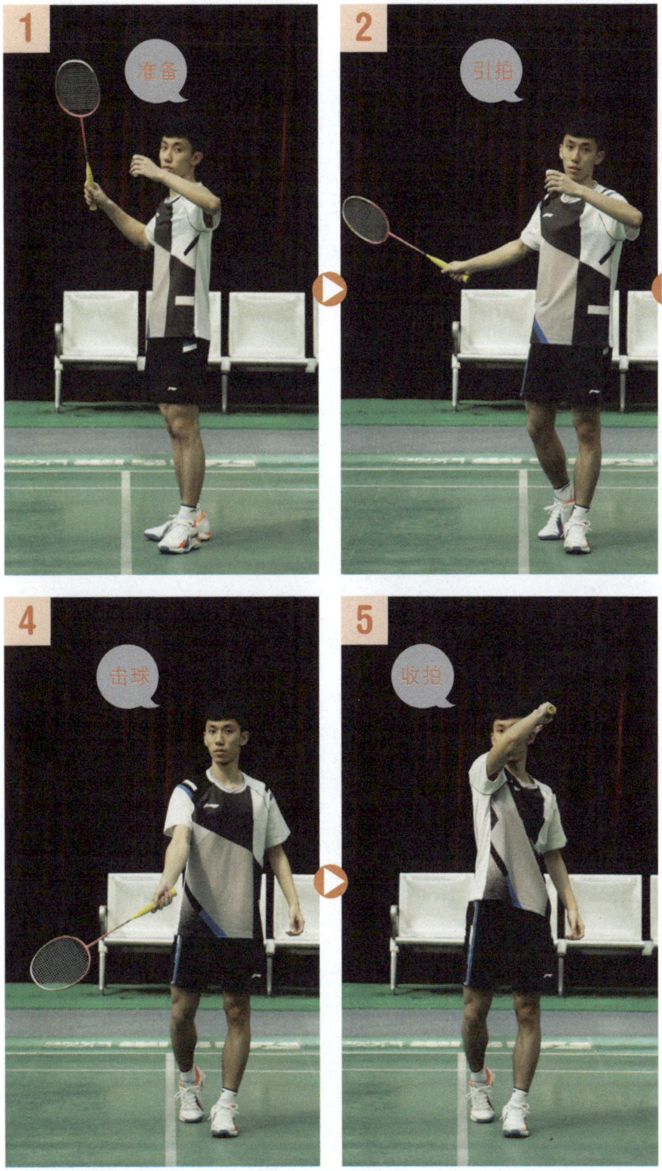

练习步骤

① 身体侧对球网，呈正手发球准备姿势。左手持球举至接近眼睛的高度。右手持拍向后屈肘举起。

② 身体左转，重心前移，右手持拍，由上而下引拍。

③ 继续向左转体，使身体正对球网，右手持拍前挥。身体重心也跟随转移到左脚。

④ 左手松球，使球自然下落，右手继续向前挥拍，在身体右侧膝关节高度，小臂内旋发力，用正拍面击球。

⑤ 击球后，跟随挥拍惯性，将拍子挥向身体左上方。

小提示

在挥拍击球的过程中，要借助身体的转动并依靠大臂带动小臂发力，以弧线形的轨迹挥拍击球。

练习

037 反手发高远球

扫码看视频

练习步骤

① 身体正对球网，做好发球姿势。左手在腹部前方持球，右手反手持拍放置于球的后方，拍头稍稍垂下，低于拍柄。

② 右手持拍，向身体方向做一个半弧形的回拉动作来引拍。

③ 左手松球，右手大臂带动小臂外旋，拇指前顶，合力将球击向对方后场。

技术解说

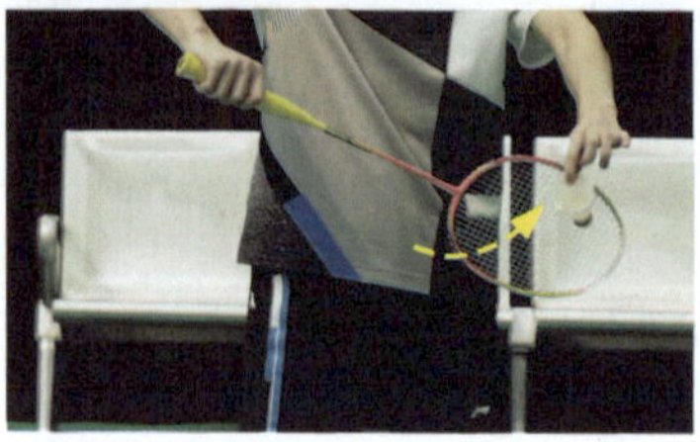

击球时，大臂带动小臂先进行半弧形的回拉引拍动作，再带动小臂外旋做击球动作，会产生较大的力，发出高远球，将球击向对方后场。

练习

038 正手发平快球

扫码看视频

练习步骤

① 身体侧对球网，做好发球准备动作。左手持球举至接近眼睛的高度。

② 右手持拍向身体侧后方引拍。相对于发高远球，发平快球的引拍路线平一些。

③ 向左转体，使身体正对球网，右手持拍前挥。身体重心也跟随转移到左脚。

④ 左手松球，右手挥拍击球。击球时拍面近乎垂直于地面，手腕发力，用爆发力将球击出。保持击球点在腰部以下的前提下，尽量提高击球点。

技术解说

平快球击球时，拍面垂直于地面。

039 反手发平快球

扫码看视频

练习步骤

① 身体正对球网，做好发球姿势。左手在腹部前方持球，右手反手持拍放置于球的后方，拍头稍稍垂下，低于拍柄。

② 右手向身体方向稍稍引拍。

③ 左手松球，右手小臂快速向前方推动球拍，推拍时球拍摆动幅度小，但爆发力大。

⊙ 其他角度

练习

040 命中篮子

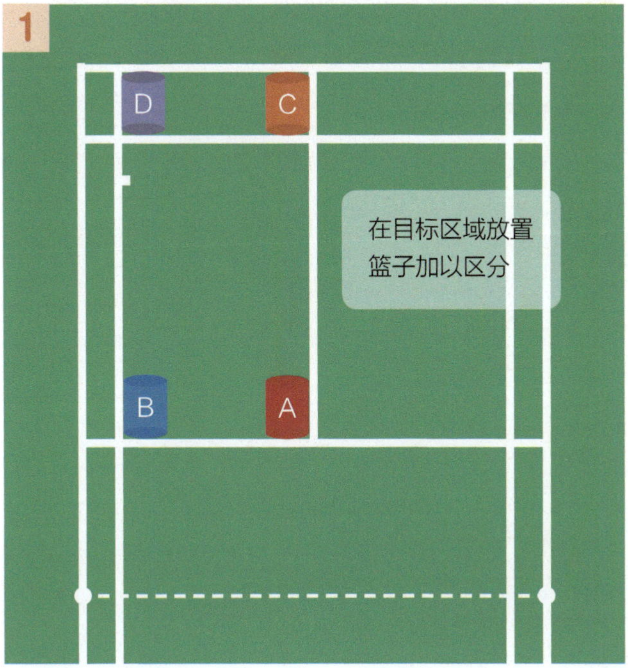

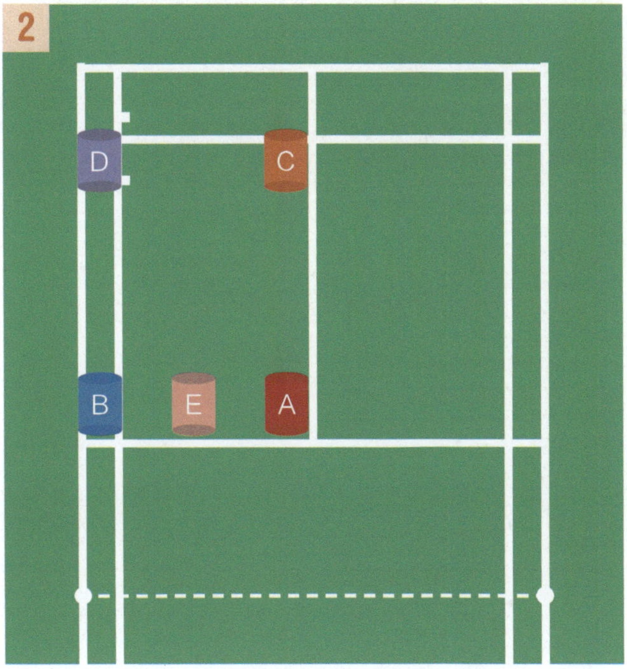

练习步骤

① A、B、C、D 四个位置分别是对方网前中线、网前边线、后场中线、后场边线。分别在这四个位置放置篮子。然后分别瞄准这些篮子进行发球练习。

A 篮线路可避免遭到对方突然进攻；B 篮线路不容易被扣杀，但容易形成多拍；C 篮线路对方回球速度会比较均匀，己方容易回球；D 篮线路对方回球多为直线球。

② 如果是双打练习，可在 E 位置，即对方防守正前方位置放置一个篮子。此位置对方容易回击直线球，第 3 拍更容易应对。

小提示

在以上位置放置篮子进行发球练习，对方在这些位置的回球不容易对己方造成威胁，十分实用。

第 5 章

接发球技术与多球练习

在羽毛球运动中，接发球与发球一样重要。如果接发球处理得当，会让己方变被动为主动，占据优势。因此，接发球的学习和练习都非常重要。

练习

041 单打接发网前球

扫码看视频

小提示

接发网前球，除了回击挑球之外，回球的方式还有很多，如回击放网前球，或回击扑球、勾球、推球等。可以根据自己的需要，选用相应的回球方式。

练习步骤

① 面对球网，以接发球的准备姿势站立。

② 判断来球位于正手网前时，快速起动向正手场地移动，右脚向来球方向迈出，同时右臂向来球方向伸出，准备引拍。左臂向左展开，维持身体平衡。

③ 右脚落地同时右臂向后引拍，然后向前上方挥拍，将球直线挑向对方后场。

⊙ 其他回球方式

▲ 放网前球

▲ 扑球

▲ 勾球

▲ 推球

042 接发后场球

1

2

4

5

小提示

和接发网前球一样，接发后场球，除了回击头顶高远球之外，回球的方式还有很多，如正手回击高远球，或回击吊球、杀球等。可以根据来球的方向和远近，选择相应的回球方式。

⊙ 其他回球方式

▲ 正手高远球

扫码看视频

练习步骤

① 面对球网，以接发球的准备姿势站立。

② 判断来球方向为己方的正手后场时，迅速起动，向右转体侧身，右脚向右后方撤一步。

③ 左脚并向右脚，左脚着地后，右脚继续向后准备跨步。

④ 右脚向右跨至合适位置，使击球点靠近自己左肩上方。

⑤ 右脚蹬地跳起，同时右臂向头部后方引拍，然后大力挥拍击球。接着迅速返回场地中心。

▲ 吊球

▲ 杀球

043 接发球（正手打后场）

扫码看视频

练习步骤

① 练习者面对球网，以准备姿势站立。供球者在另一半场。

② 供球者向练习者正手场地发球，练习者向正手场地移动，同时右臂向右下方引拍，左臂向左展开，以维持身体平衡。

③ 右臂从右下方向前向上方大力挥拍击球，使球沿直线飞向对方后场。

技术解说

回击正手高远球，应该向右下方引拍，向前向上挥拍击球。

练习

044 接发球（反手打后场）

扫码看视频

练习步骤

① 练习者面对球网，以准备姿势站立。供球者在另一半场。

② 供球者向练习者反手场地发球，练习者向反手场地移动，同时右臂向身体左后方引拍。

③ 右臂从身体左后方向左前方用力挥拍击球，使球沿直线向对方后场飞去。

小提示

向对方后场击球，需要大力挥拍，不但引拍幅度大，而且挥拍力气大，这样能成功回击高远球，为己方争取更多的调整时间。

练习

045 接发球两侧交替

扫码看视频

练习步骤

① 练习者面对球网，以准备姿势站立。

② 供球者向练习者正手场地发球，练习者向正手场地移动。

③ 右臂大力挥拍击球，使球沿直线飞向对方后场。然后迅速返回场地中心。

④ 供球者向练习者反手场地发球，练习者向反手场地移动。

⑤ 右臂大力挥拍击球，使球沿直线飞向对方后场。然后迅速返回场地中心。如此交替重复练习。

小提示

左右场地的交替接发球练习，兼顾练习正、反手场地的接发球技术，以及相关的移动步法，综合性很强。

第 6 章
杀球技术

杀球在击球技术中属于难度较大的动作，也是给对方造成很大威胁的技术动作，而且也很具有观赏性。一般在对方来球较高时，可采用杀球动作。杀球通常能让对方措手不及，是制胜技术之一。

练习

046 正手杀球

扫码看视频

练习步骤

① 面对球网以准备姿势站立。

② 判断来球的方向为己方正手后场，且击球点较高时，左脚蹬地发力，向右转体，右脚向右后方跨至合适位置。

③ 右脚落地后蹬地发力，起跳，上身后仰，展胸，右臂向头部后方引拍，且握拍保持放松。

④ 上身快速左转，右臂快速内旋，带动手腕闪腕击球。

⑤ 左脚先落地，右脚落在左脚前方，顺势收拍。

047 反手杀球

扫码看视频

练习步骤

① 面对球网，以准备姿势站立。

② 判断来球的方向为己方反手后场，且来球较高时，以左脚为轴心，右脚顺势向前跨出，身体向左后方转体。右手正手握拍调整为反手握拍，抬高肘部且向身体左侧引拍。肘部夹角约为45 度。

③ 左脚蹬地，腰腹部肌肉发力，上身稍稍右转，大臂带动小臂迅速外旋，用拍面将球压向对方场地。然后迅速转身返回中场，恢复为迎球姿势。

技术解说

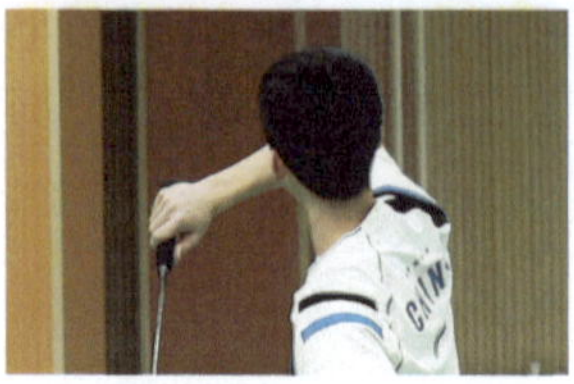

引拍时，肘部抬高屈肘，肘部夹角约为 45 度，便于挥拍发力。

小提示

反手杀球瞬间，注意利用左脚蹬地以及腰腹部肌肉发力。

练习

048 头顶杀球

扫码看视频

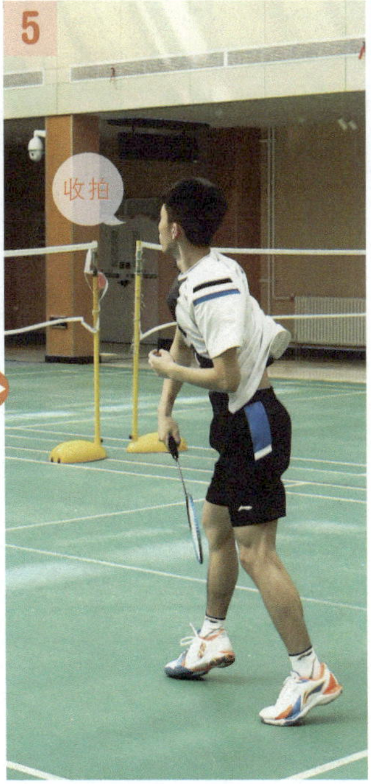

练习步骤

① 面对球网，以准备姿势站立。

② 判断来球的方向为己方反手后场，且来球较高时，快速起动，向右转体，右脚向后撤一步。调整位置使击球点靠近左肩上方。

③ 球开始下落时，起跳，上身后仰，展胸，右臂向头部后方引拍，且握拍保持放松。

④ 上身快速左转，右臂快速内旋，带动手腕闪腕击球。

⑤ 右臂随惯性向身体左下方收拍。

吊球技术
挑球技术
放网前球技术
推球技术
勾球技术
扑球技术
平抽球技术

049 网前杀球

小提示

杀球动作，球的飞行轨迹没有弧度，要求闪腕击球，力度大，速度快，给对方带来很大威胁。因此掌握好杀球技术，是掌握羽毛球技术的重要一环。

扫码看视频

练习步骤

① 在中场站好，身体侧对球网，准备迎球。

② 判断来球到达网前，位置较高时，决定网前杀球。双腿屈膝，降低身体重心。

③ 左脚蹬地，起跳，上身相对后仰，展胸，向后引拍，且保持握拍轻松。

④ 上身左转，右臂用力挥拍，将球向对方前场沿直线击出。

⑤ 顺势落地，左脚先着地，右脚在左脚前方着地，右臂跟随惯性向身体左后方收拍。

技术解说

网前杀球结束后，左脚先落地，右脚后落地且位于左脚前，有利于保持身体平衡，以及进行下一步的回场动作。

050 跳杀

练习步骤

① 面对球网，以准备姿势站立。

② 判断来球的方向为己方正手后场，且来球较高时，快速起动，向右转体，右脚向后方撤一步，使用脚步调整位置使击球点位于左肩上方。

③ 球开始下落时，双脚起跳，上身后仰，展胸，向后引拍。击球前握拍保持放松。

④ 等球落至接近杀球点时，上身快速左转，右臂用力挥拍击球。

⑤ 杀球后左脚先着地，右脚在左脚前方着地，右臂顺势向身体左下方收拍。

扫码看视频

技术解说

起跳引拍时，胸部展开，挥拍一侧肩部下沉，拉长挥拍距离，增加了击球力度。

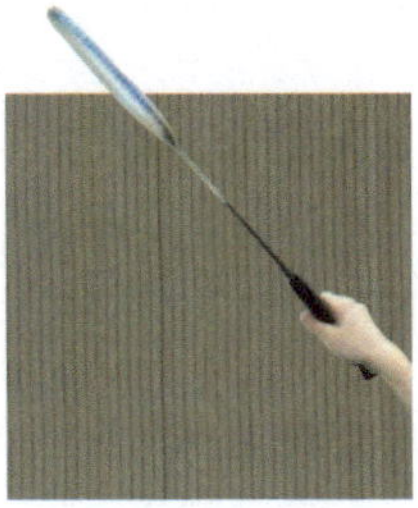

杀球的落点由击球时的拍面角度来决定，正拍面击球可杀直线球，改变拍面左右倾斜角度可杀斜线球。

051 杀球（两侧移动）

小提示

该练习需要分别向场地两侧进行移动杀球，移动速度要快，杀球的速度也要快，因此要注重速度的提升。

练习步骤

① 练习者面对球网，以准备姿势站立。

② 供球者位于另一半场，向练习者正手中场发高球。练习者向右跨出一步。注意此动作的移动速度要快。

③ 右脚落地的时候蹬地发力，起跳，右手向身后引拍。

④ 右臂用力挥拍，将球直线杀向对方场地。

⑤ 练习者返回场地中间，以准备姿势站立。

⑥ 供球者向练习者反手中场发高球。练习者向左移动。

⑦ 左脚落地时蹬地发力，起跳，右手向身后引拍。

⑧ 右臂用力挥拍将球直线杀向对方场地。

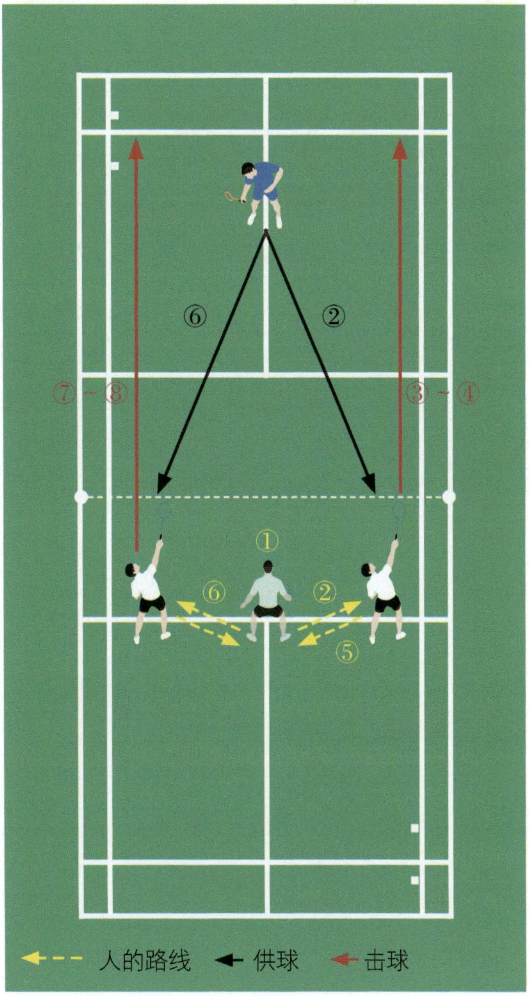

052 杀球（从前场到后场）

扫码看视频

练习步骤

① 练习者面对球网，以准备姿势站立。供球者位于另一半场。

② 供球者发出后场高远球。练习者向后场移动至合适的位置。

③ 右脚蹬地起跳，将球直线杀向对方场地。可练习将球击向多种落点，如对方后场的两个角落。

练习

053 杀球（从后场到前场）

扫码看视频

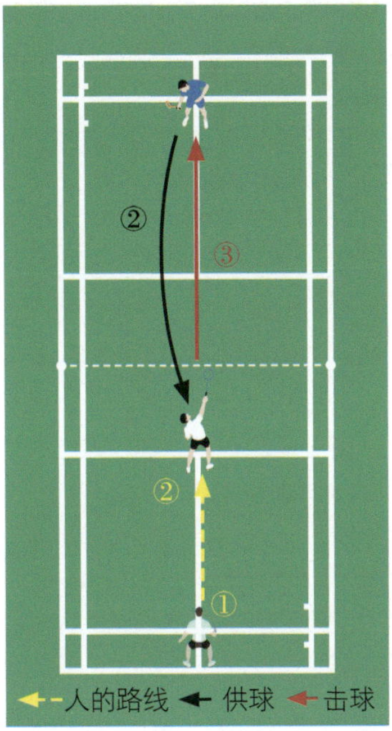

练习步骤

① 练习者面对球网，以准备姿势站于后场。

② 供球者位于另一半场，发出网前高球，练习者迅速从后场移动到前场。

③ 移动至适当的位置，起跳，将球直线杀向对方场地。然后迅速退回至后场底线位置，重复练习。

054 杀球（向后场两侧移动）

扫码看视频

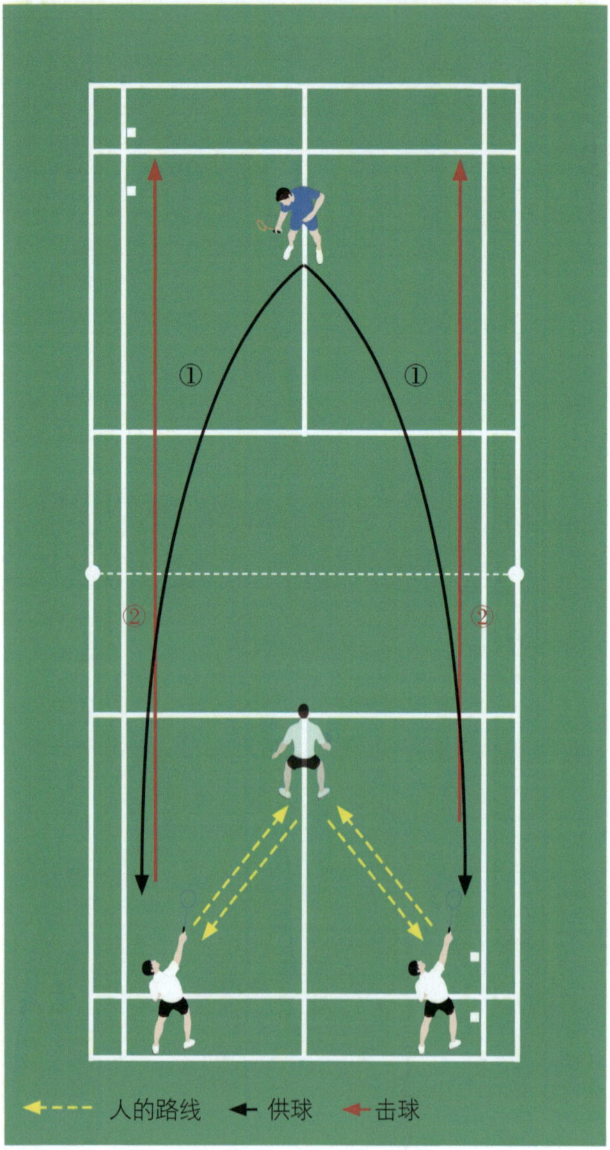

技术解说

向后场两侧移动，要结合相应的步法进行练习，才能提升全身的协调性，发挥出杀球的威力。

练习步骤

① 练习者站立于中场，面对球网，以准备姿势站立。供球者位于另一半场，轮流向对面后场的两个角落发出后场高远球。

② 练习者根据来球，向后场移动至合适的位置进行杀球练习，分别将球直线杀至对方后场的两个角落。

小提示

在后场两个角落，以杀球方式对高远球进行回击，往往杀直线，用球拍的正面将球杀向对方后场的两个角落。

第 7 章
高远球技术

高远球利用较高的弧线，将球击打至对方底线附近，能迫使对方回到底线位置击球，为己方争取更多的调整时间。因此打高远球是变被动为主动的有效方法之一，是重要的羽毛球击球技术。

055 高远球

扫码看视频

3

6

练习步骤

① 面对球网，以准备姿势站立。

② 判断来球方向在己方正手后场时，快速起动，向右转体侧身，右脚向右后方撤一步。同时双臂向上屈肘，保持身体稳定。

③ 左脚并向右脚。

④ 右脚继续向右后方来球方向跨至合适位置。

⑤ 右脚落地后，右腿微屈膝蓄力起跳，同时向头部后方引拍。

⑥ 向左转体的同时借力向前挥拍，将球击向对方后场。

⑦ 顺势将球拍收向身体左后方。

小提示

根据来球方向的不同，高远球的击球点也不同。正手高远球击球点在右肩上方，头顶高远球击球点靠近左肩上方。

7

练习

056 高远球（右侧正手）

扫码看视频

练习步骤

① 练习者面对球网，以准备姿势站立。供球者位于另一半场，向练习者正手后场发出高远球。练习者从场地中心迅速移动至正手后场。

② 练习者起跳，向对方反手后场回击直线高远球。然后返回场地中心，重复练习。

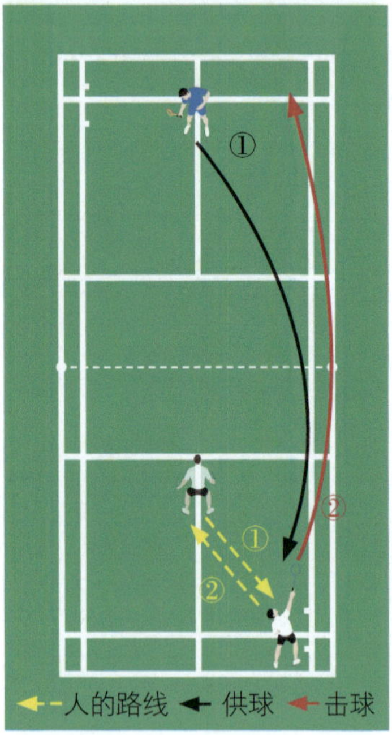

小提示

此练习通过打高远球可培养缓解被动局面的能力。向落球点的移动要准确，向场地中心的回动要及时。适应了当前的练习后，可通过延迟移动时间来增加练习难度。

练习

057 高远球（左侧头顶）

扫码看视频

练习步骤

① 练习者面对球网，以准备姿势站立。

② 供球者位于另一半场，向练习者反手后场发出高远球。练习者从中场迅速向反手后场移动，使球位于自己头顶上方。

③ 练习者起跳击出高远球，将球击向对方正手后场角落。然后返回场地中心，重复练习。

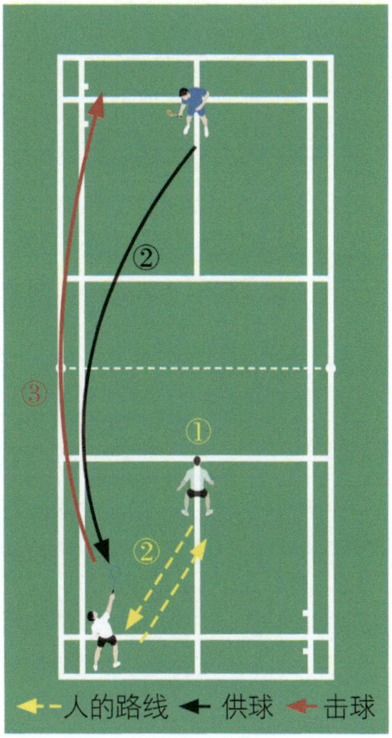

练习

058 打高远球前触线

技术解说

上前用球拍触线，是为了锻炼练习者及时从前场转移到后场拉高远球的能力。如果觉得触线有难度，可以在线上放置有一定高度的物体，触碰物体即可。

小提示

供球者在发出高远球时，可不断改变球的落点，如练习者的正手后场、反手后场、头顶后场等。

扫码看视频

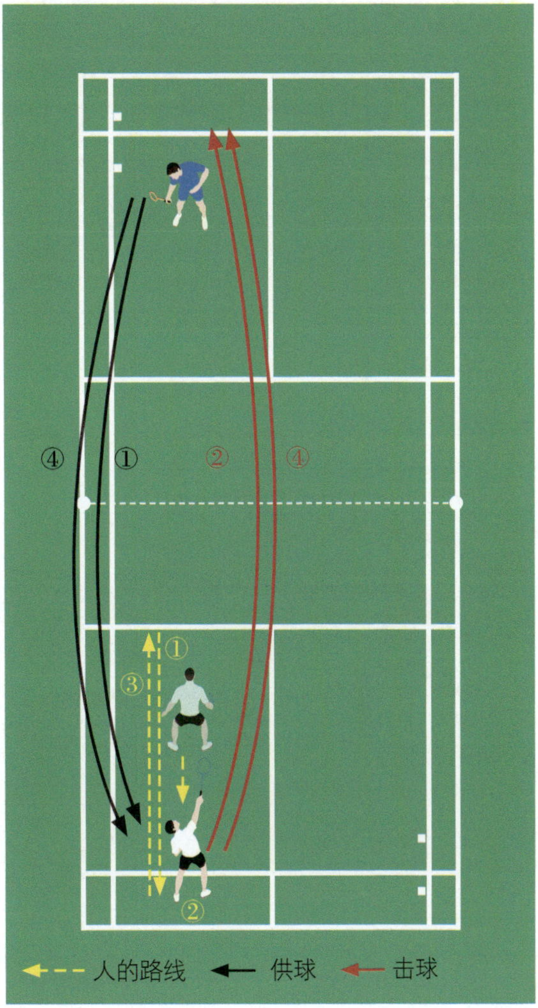

练习步骤

① 练习者与供球者各位于不同半场的同一侧，练习者面对球网，以准备姿势站立。

② 供球者向练习者后场发出高远球，练习者退向后场回击高远球。

③ 练习者击出高远球后，迅速上前用球拍触碰前发球线。

④ 练习者再次迅速退至后场，迎接供球者的高远球，并回击高远球。

小提示

供球者在与练习者形成高远球多拍时，也可在击球后移动至前场完成触线，再返回后场进行击球。

059 高远球（左右交替）

扫码看视频

练习步骤

① 练习者面对球网，以准备姿势站立。

② 供球者位于另一半场，向练习者正手后场发出高远球。练习者从中场迅速移至正手后场，回击直线高远球。然后返回中场。

③ 供球者继续向练习者反手后场发出后场高远球。练习者从中场迅速移至反手后场，回击直线高远球。

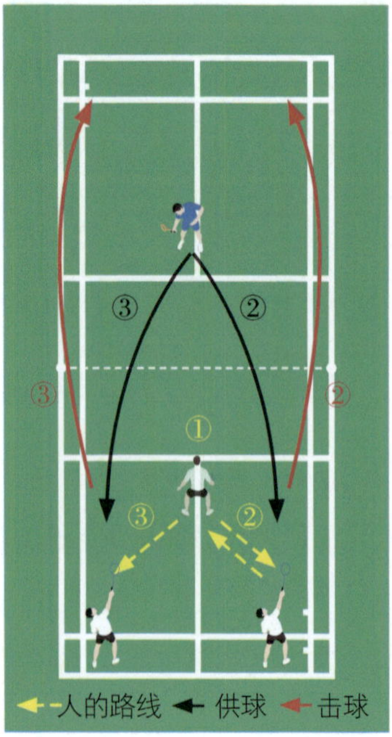

练习

060 超高球

扫码看视频

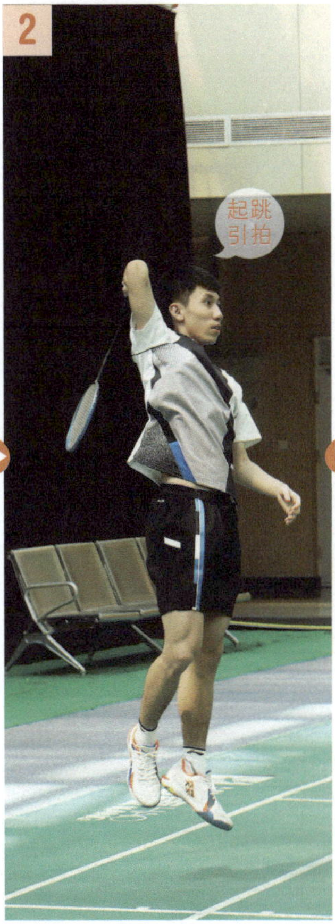

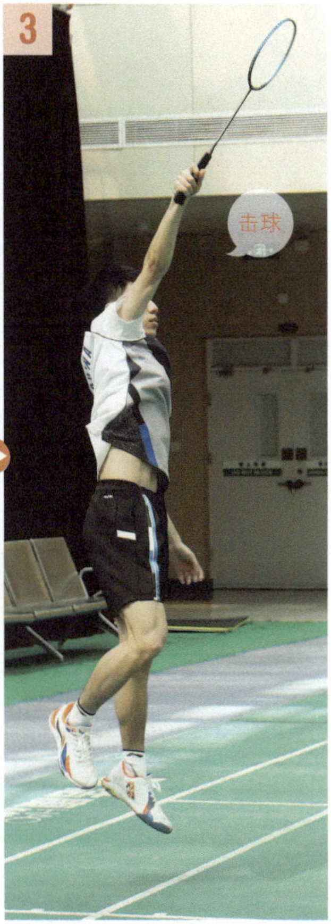

练习步骤

① 判断来球为后场高远球时，从中场向后场移动至落球点，向右侧身准备击球。

② 等球下落时，双脚起跳，展体，并向头部后方引拍。

③ 用球拍的正拍面向前、向上击球，回击出高度更高的直线超高球。

小提示

超高球，就是比寻常高远球更高的高球。在己方处于被动状态的时候，回击超高球，使球路更长，球飞行的时间也更长，有助于己方调整状态，摆脱被动局面。

技术解说

超高球击球，挥拍时大臂充分上抬，击球瞬间手臂伸直，提升球的飞行高度。

061 平高球

扫码看视频

练习步骤

① 判断来球方向在正手后场时，立刻移动至后场，右手持拍准备引拍，左手配合举起。

② 调整位置至落球点，球下落至身体正前方，然后起跳，向身后引拍。

③ 向前击出直线平高球。

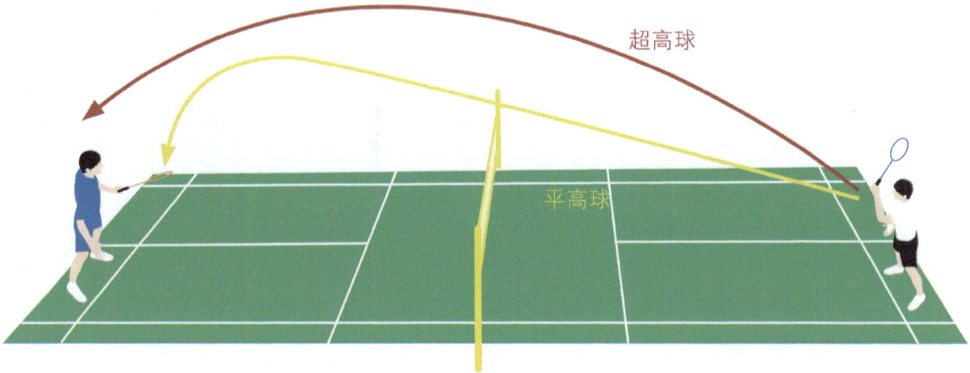

▲ 超高球的弧线高，而平高球的弧线低

练习

062 高远球（直线和对角线）

扫码看视频

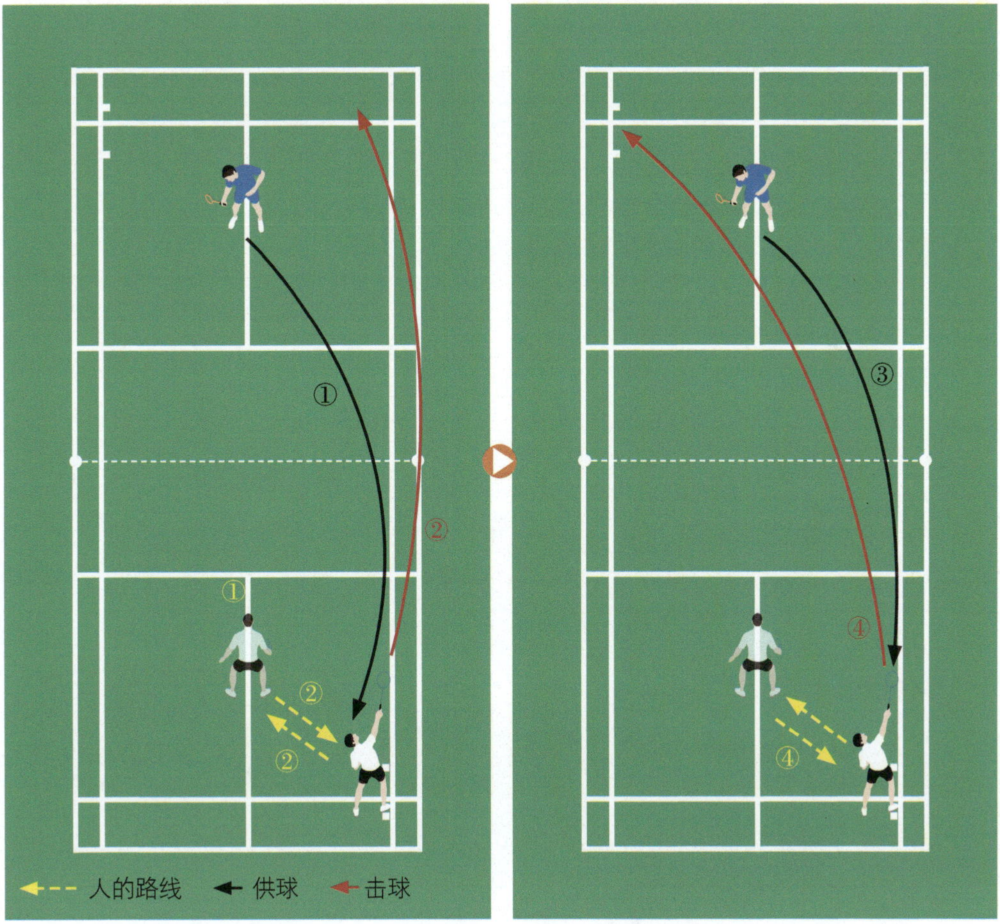

练习步骤

① 练习者位于中场中心位置，供球者位于另外半场的中场中心位置。供球者向练习者正手后场击出高远球。

② 练习者移向后场，向对方反手后场回击直线高远球。然后返回中场中心位置。

③ 供球者接着继续向对方正手后场击球。

④ 练习者再次移向后场，向对角场地回击对角线高远球。

技术解说

在击出直线高远球和对角线高远球时，两者的区别是球拍角度不同，一个向前，一个向对角后场。

第 8 章 吊球技术

吊球是将对方打到己方后场的高球用切、滑或者轻力度击打，回击至对方前场的技术。吊球在技术上具有隐蔽性，击球时的准备动作像是要打出高远球，但实质上是将球击向对方网前，让对方不容易判断，从而给对方带来威胁。

练习

063 吊球

扫码看视频

练习步骤

① 面对球网，以准备姿势站立。

② 判断来球方向在己方正手后场时，快速起动，向右转体侧身，退至后场。同时双臂向上屈肘，保持身体稳定。

③ 退至合适位置，使击球点位于自己右肩前上方，向身后引拍，做出要回击高远球的样子。

④ 击球时，迅速向左转体侧身，右臂挥拍，但主要依靠手腕发力，用切、滑或者轻力度击打，将球回击到对方网前附近。

技术解说

①球离开拍面以后不能向上飞，并尽可能以压着网带的高度飞过网。

②吊球经常用来为下一步的击球做准备，比如在进行一次吊球后，对方会被迫起高球，然后己方就可以杀球。

064 右侧正手吊直线球

扫码看视频

技术解说

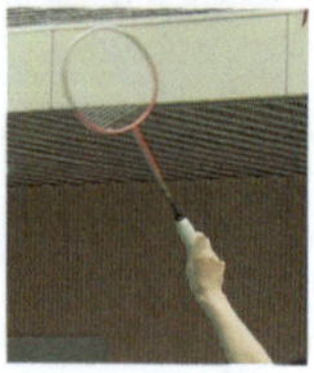

正手吊球时，用正拍面向内倾斜，切削球托。

练习步骤

① 练习者面对球网，以准备姿势站立。供球者位于另一半场。

② 供球者向练习者正手后场发出后场高远球。练习者从中场迅速移至正手后场，向身后引拍做出回击直线高远球的样子。

③ 击球的瞬间，将球拍正面向内倾斜，切削球托，回击吊球，使球飞向对方前场。

练习

065 左侧头顶吊直线球

扫码看视频

练习步骤

① 练习者面对球网，以准备姿势站立。

② 供球者位于另一半场，向练习者反手后场发出后场高远球。练习者迅速移至反手后场，向身后引拍，做出回击直线高远球的样子。

③ 回击直线吊球，使球飞向对方前场。

小提示

吊球击球时，手臂不发力，主要依靠手腕发力切削球托。

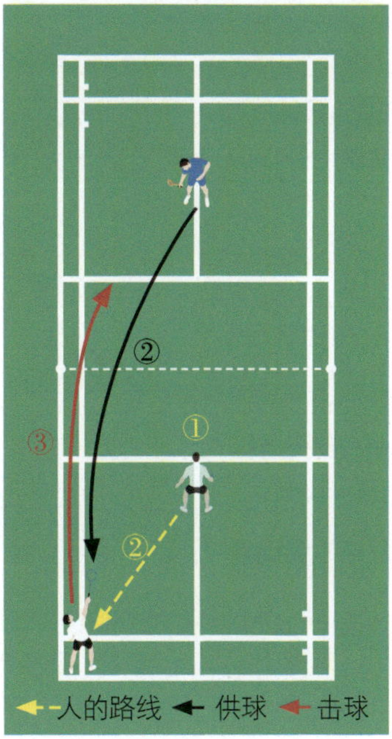

066 吊球（两侧直线交替）

扫码看视频

小提示

本练习是针对对方回球至后场所进行的吊球训练。注意保持吊球姿势正确。

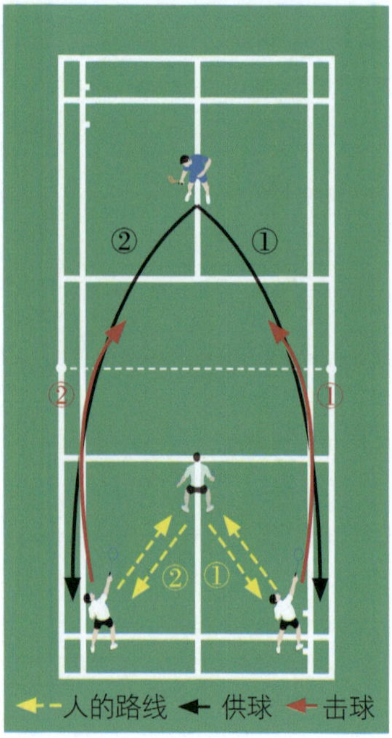

练习步骤

① 练习者面对球网，以准备姿势站立。供球者位于另一半场，向练习者正手后场发出后场高远球。练习者从中场迅速移至正手后场，回击直线吊球。返回中场。

② 供球者继续向练习者反手后场发出后场高远球。练习者从中场迅速移至反手后场，回击直线吊球。返回中场。

练习

067 吊对角线球

扫码看视频

1

2

3

4

练习步骤

① 练习者面对球网，以准备姿势站立。供球者位于另一半场，向练习者正手后场发出后场高远球。

② 练习者从中场迅速移至正手后场。

③ 回击正手吊对角线球，使球沿对角斜线飞向对方前场。

④ 供球者向练习者反手后场发出后场高远球，练习者进行头顶吊对角线球。

技术解说

正手吊对角线球时，用球拍正面切击球托右侧；头顶吊对角线球时，用球拍反面切击球托左侧。

068 劈吊

扫码看视频

练习步骤

① 判断来球位于己方正手后场，且是高远球时，迅速向正手后场转移，使击球点位于自己右肩前上方位置。

② 在球开始下落之时，双脚起跳，同时向身后引拍。

③ 击球的瞬间，顺时针翻转拍面，切击球托右后侧，使球向前下方飞行。

技术解说

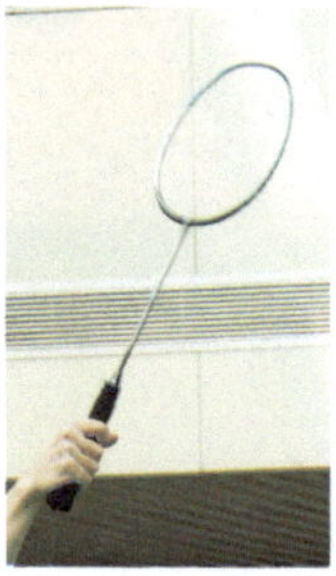

击球时注意球拍要顺时针翻转，切击羽毛球的球托右后侧。

第9章
挑球技术

挑球是最基本的网前球技术，属于防守型的技术。在对方击出吊球或网前球时，由于球的落点比较低，且己方处于被动状态，此时回击挑球，将球挑向对方后场，使球的飞行距离变长，可以为自己争取更多的时间来调整状态。

069 正手挑球

1

2

练习步骤

① 面对球网，以准备姿势站立。

② 判断来球方向在己方正手网前，且落点较低时，右脚向来球方向迈出一步。

③ 右臂向右后摆，伸腕，同时向右下方引拍。左臂向相反方向摆臂，维持身体的平衡。

④ 右臂小臂内旋，食指和腕部发力，将球向前上方击出。击球完毕后，球拍跟随惯性向左肩上方收拍。

扫码看视频

技术解说

正手挑球技术中的伸腕向后引拍是非常关键的一步，且在击球时的挥拍轨迹是由右下向左上后方。击球时注意用力集中，将球回击至对手后场，并迅速回位。

练习

070 反手挑球

扫码看视频

练习步骤

① 面对球网，以准备姿势站立。

② 判断来球方向在己方反手网前，且击球点较低时，右脚蹬地发力，向左转体侧身，右脚向反手场地跨出一步。

③ 正手握拍调整为反手握拍，弯曲手臂并内旋，向身体左后方引拍。

④ 右臂外旋，拇指前顶，从下向上大幅度挥拍，将球挑出。击球完毕，球拍跟随惯性向右肩上方收拍。

练习

071 正手挑球（基本练习）

扫码看视频

1

2

3

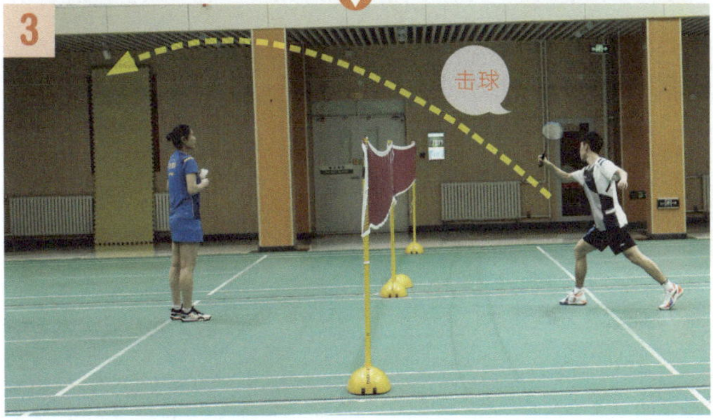

练习步骤

① 练习者面对球网，以准备姿势站立。供球者位于另一半场，向练习者的正手网前发球。

② 练习者右脚向正手网前跨步至合适位置。

③ 回击正手挑球，然后返回场地中心。

小提示

最后一步跨步，脚尖要朝向球下落的位置，而不能朝向球网，否则不利于从下向上挥拍，而会变为横向挥拍。

技术解说

正手挑球，击球时要依靠手腕与食指的力量，将球向前上方击出。

072 反手挑球（基本练习）

扫码看视频

技术解说

反手挑球，握拍时拇指竖起，击球时拇指前顶拍柄。

练习步骤

① 练习者面对球网，以准备姿势站立。供球者位于另一半场。

② 供球者向练习者的反手前场发球。练习者向左转体，右脚向左前方迈出一步，反手向左下方引拍。

③ 回击反手挑球。

练习

073 挑球（两侧交替）

扫码看视频

练习步骤

① 练习者面对球网，以准备姿势站立。供球者位于另一半场。

② 供球者向练习者的正手前场发球。练习者向正手前场移动，正手回击挑球，然后迅速退回中场，准备迎接下一个来球。

③ 供球者向练习者的反手前场发球。练习者向反手前场移动，反手回击挑球，然后退回中场，准备迎接下一个来球。如此交替进行练习。

小提示

正手前场和反手前场交替进行挑球，需要结合有效的步法进行练习，既包括向前移动的步法，也包括向后退回中场的步法。这对身体协调性的锻炼很有益处。供球者可根据练习者的反应能力，来提高或降低供球速度。

074 小碎步接快速挑网前球

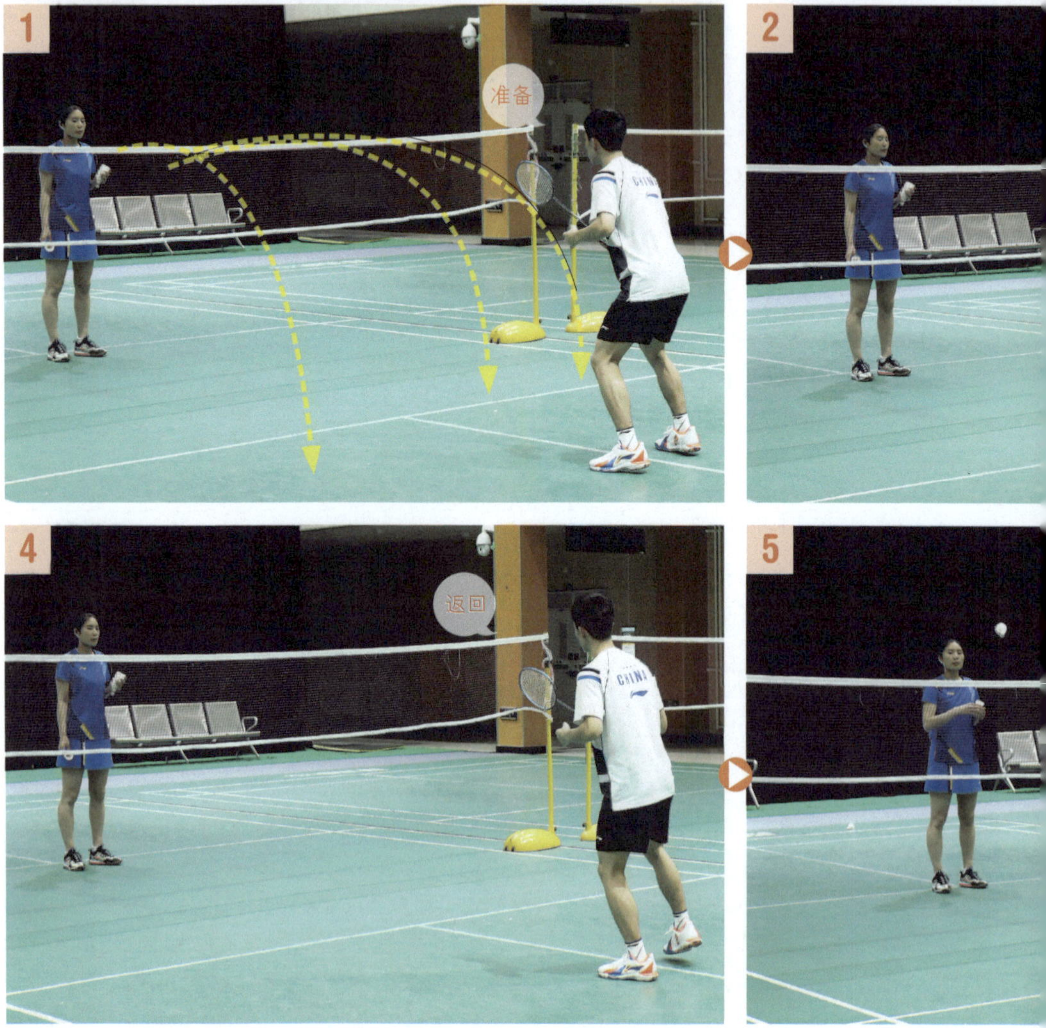

练习步骤

① 练习者面对球网，以准备姿势加小碎步准备。供球者位于另一半场。供球者可发出任意网前球。

②～④ 图例为供球者向练习者的正手前场发球。练习者快速向正手前场移动，正手回击挑球。然后迅速退回中场，继续原地小碎步，准备迎接下一个来球。

⑤～⑥ 图例为供球者向练习者的反手前场发球。练习者快速向反手前场移动，反手回击挑球。然后退回中场，继续原地小碎步，准备迎接下一个来球。如此在不同的网前落点之间交替进行练习。

扫码看视频

技术解说

挑球常用于调整自己的被动状态，为反击找机会。在来球位于网前且击球点较低时，可使用挑球技术。挑球时，除了力度要大之外，手指还要握紧球拍。

075 挑对角线球

扫码看视频

练习步骤

① 练习者面对球网，以准备姿势站立。供球者位于另一半场。

② 供球者向练习者的正手前场发球。练习者快速向右前方移动，正手挑对角线球，从下向上将球挑向对方正手后场的角落。然后迅速退回中场。

③ 供球者向练习者的反手前场发球。练习者快速向左前方移动，反手挑对角线球，从下向上将球挑向对方反手后场的角落。

小提示

此练习需要和步法结合起来练。如果供球速度快且高度比较低，练习者需要提升移动速度，并加大步子。向后场击球，需要大力击球。注意不要压腕。

练习

076 挑球技术练习 1

扫码看视频

1

2

3

4

小提示

此练习综合了向后场移动杀球的步法，以及向前场移动挑球的步法。每次击球后，均需要快速返回至场地中心，而不能直接从后场杀球的位置径直转移至前场挑球位置。

练习步骤

① 该练习侧重于从后场正手杀球到前场正手挑球的步法变化。练习者面对球网，以接发球的准备姿势站立。供球者位于另一半场。

②～③ 练习者迅速转移至后场，跳起做正手杀球的动作，然后迅速返回场地中心。

④ 供球者紧接着向练习者正手前场发出网前球，练习者快速上前，回击直线挑球。

练习

077 挑球技术练习 2

练习步骤

① 练习者面对球网，以准备姿势站立。供球者位于另一半场。

② 练习者迅速转移至反手后场，使击球点位于左肩上方。

③ 练习者双脚起跳，挥拍做出头顶杀球的动作。

④ 练习者迅速返回场地中心。

⑤ 供球者向练习者反手前场发出网前球，练习者快速移动至反手前场，反手直线挑球。

扫码看视频

小提示

该练习侧重于从后场头顶杀球到前场反手挑球的步法变化。练习的时候，返回场地中心要及时，从后场到前场的步法变化，只有熟练掌握，使用时才能得心应手。

练习

078 挑球技术练习 3

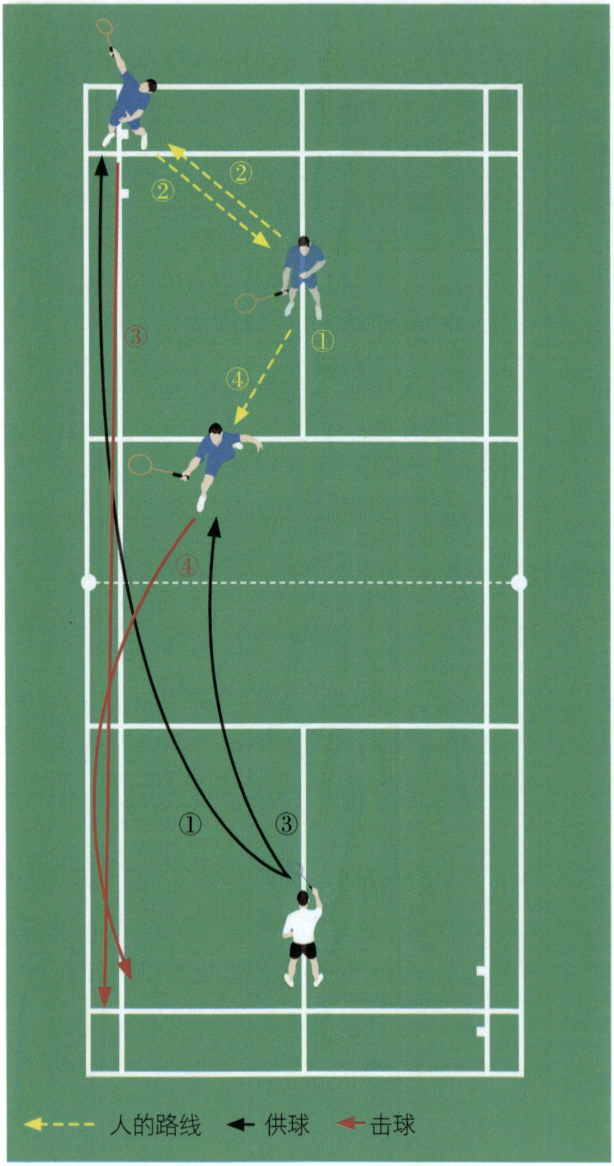

练习步骤

① 该练习侧重于从后场正手杀球向前场正手挑球技能的掌握。练习者面对球网，以准备姿势站立。供球者位于另一半场。供球者向练习者正手后场发出高远球。

② 练习者迅速转移至后场，起跳，将球直线杀向对方后场，然后迅速返回场地中心。

③ 供球者紧接着向练习者正手前场发出网前球。

④ 练习者快速移动至正手网前，回击挑球，将球挑向对方后场。

技术解说

由于回球是回到对方后场，所以无论杀球还是挑球，都需要用大力气，且均回击直线球。

小提示

此练习中前后场的移动方式是很常见的。练习者要学会一边紧盯供球者所发出的球，一边快速向球下落位置移动脚步，努力培养这种感觉。

练习

079 挑球技术练习 4

练习步骤

① 该练习侧重于对从正手挑球到反手挑球，再到头顶杀球技能的掌握。练习者在中场位置，面对球网以准备姿势站立。供球者位于另一半场。供球者向练习者发正手网前球，且球过网后落点较低。

② 练习者回击正手挑球，再迅速返回场地中心。

③ 供球者接着向练习者反手网前发球。

④ 练习者回击反手挑球。然后迅速返回场地中心。

⑤ 供球者接着向练习者反手后场发球。

⑥ 练习者迅速退至后场，回击头顶杀球。然后迅速返回场地中心。

小提示

练习者回击挑球，既能为自己争取更多的调整时间，也能创造进攻的机会。

080 球场四角移动

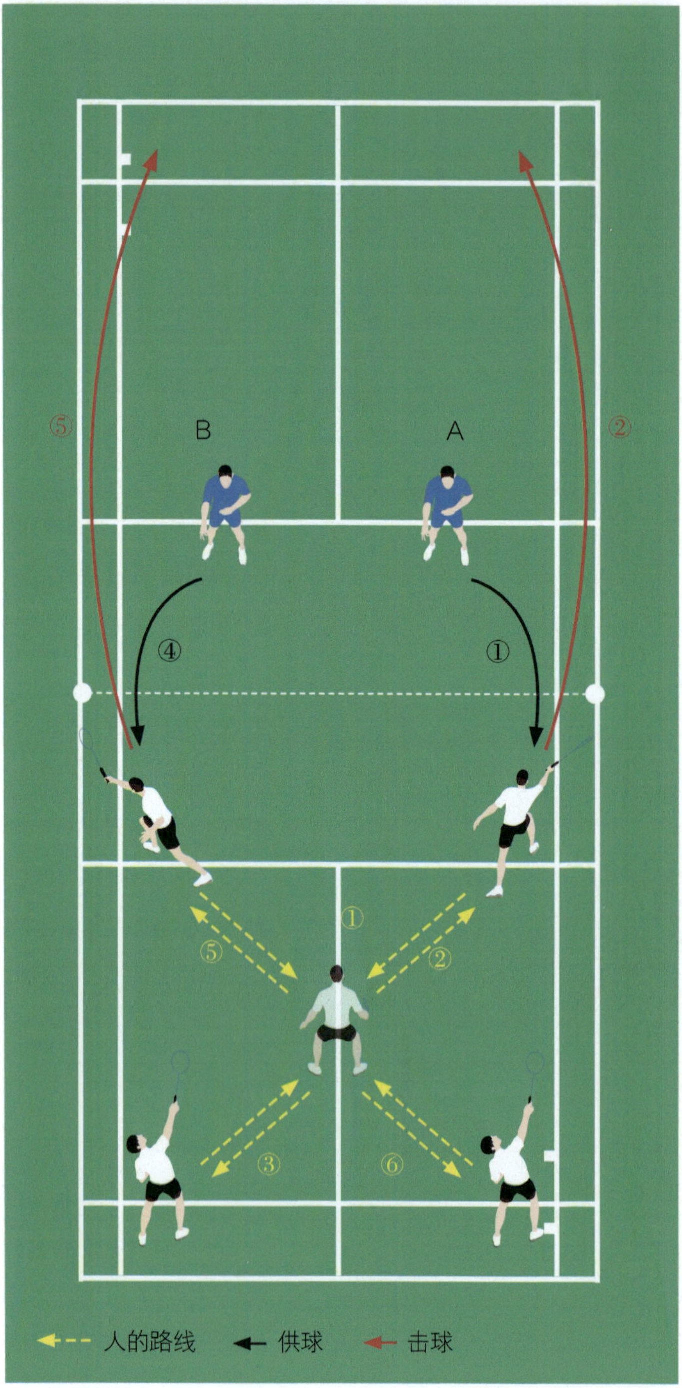

练习步骤

① 练习者面对球网，以准备姿势站立。两位供球者 A、B 分别位于另一半场的反手网前与正手网前。供球者 A 向练习者正手前场发出网前球。

② 练习者快速移动至正手网前，回击挑球，将球挑向对方后场角落，然后迅速返回场地中心。

③ 练习者从中场迅速移动至反手后场，做头顶杀球的动作，然后迅速返回场地中心。

④ 供球者 B 向练习者反手前场发出网前球。

⑤ 练习者快速移动至反手网前，回击挑球，将球挑向对方后场角落，然后迅速返回场地中心。

⑥ 练习者从中场迅速移动至正手后场，做头顶杀球的动作，然后迅速返回场地中心。如此循环进行练习。

第 10 章
放网前球技术

放网前球是前场重要的控球技术，技术简单，而且十分实用。它将对方击向己方前场、中场的球，用放网的技术回击向对方网前，迫使对方回击高球，给己方制造进攻的机会。

081 正手放网前球

扫码看视频

练习步骤

① 练习者面对球网，以准备姿势站立。供球者位于另一半场。

② 供球者向练习者正手前场发出网前球。练习者快速向正手前场移动。

③ 练习者举拍至球网上方白色布条的高度，用手指、手腕带动球拍切削球托，让球落向对方网前。

练习

082 反手放网前球

扫码看视频

练习步骤

① 练习者面对球网，以准备姿势站立。供球者位于另一半场。

② 供球者向练习者反手前场发球。练习者快速向反手前场移动，左脚蹬地，右脚向左前方迈出一步。

③ 如果来球距离比较远，可以再做一个交叉步。

④ 正手握拍调整为反手握拍。右脚着地后，举拍至球网上方白色布条的高度，用球拍切削球托，让球落向对方网前。然后迅速返回场地中心，等待下一个来球。

技术解说

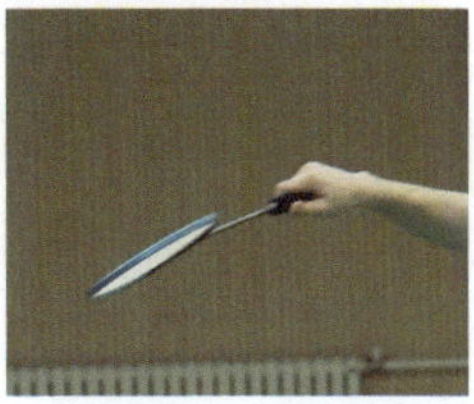

放网前球的击球瞬间，可以用手指、手腕带动球拍斜切球托，使球飞过网。控制好击球力度，力度不能大。

083 放网前球（两侧交替）

扫码看视频

小提示

此练习可以锻炼两侧跨步放网前球技术。

练习步骤

① 练习者面对球网，以准备姿势站立。供球者位于另一半场。

② 供球者向练习者正手前场发球。练习者快速向正手网前移动，举拍至球网上方白色布条的高度，正手放网。然后快速返回至场地中心。

③ 供球者向练习者反手前场发球。练习者快速向反手网前移动，反手放网。然后快速返回至场地中心。

练习

084 搓球

扫码看视频

1

2

练习步骤

① 练习者面对球网，以准备姿势站立于正手网前。供球者位于另一半场。

② 供球者向练习者正手网前发球。练习者根据球的位置调整脚步。小臂外旋，用球拍搓击球托，使球旋转过网。

技术解说

搓球时，可以先展腕再收腕搓击，也可以先收腕再展腕搓击。

085 放网前球练习 1

练习步骤

① 练习者面对球网，以接发球的准备姿势站立。供球者位于另一半场。

② 练习者先自行退至己方正手后场，做出杀球的动作。

③ 快速返回至场地中心，做好准备迎接来球。供球者向练习者正手网前发球。

④ 练习者迅速转移至正手网前，回击放网前球。然后迅速返回场地中心，重复练习。

扫码看视频

技术解说

放网的力度要小，用球拍轻轻搓击或切击球托，使球过网后就开始下落。

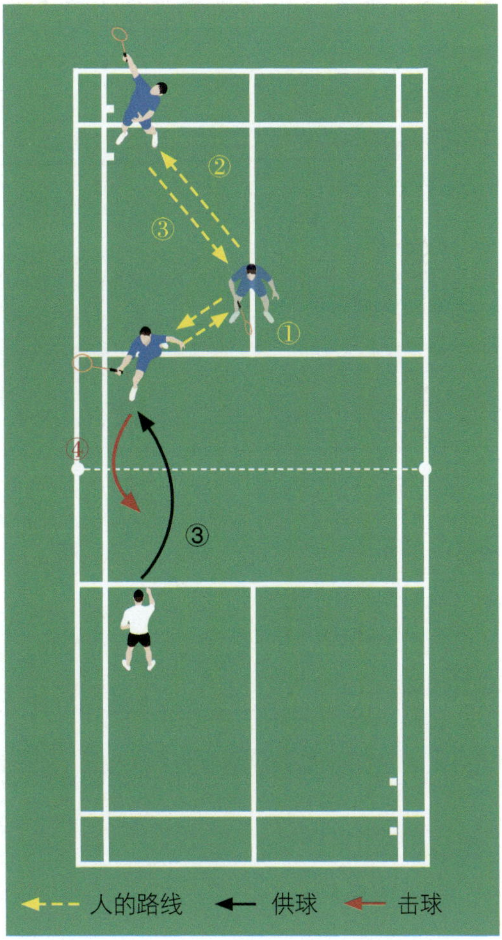

小提示

此练习综合了向后场、向前场的移动步法，以及后场杀球、前场放网的技术练习。养成综合练习的习惯，有助于实战中加快移动速度，形成一套进攻方法。

练习

086 放网前球练习 2

扫码看视频

练习步骤

① 练习者面对球网，以准备姿势站立。供球者位于另一半场。供球者向练习者正手后场发高远球。

② 练习者迅速退至正手后场，回击直线高远球。然后快速回到场地中心。

③ 供球者向练习者正手网前发球，练习者迅速转移至网前。

④ 回击放网前球。

练习

087 放网前球练习 3

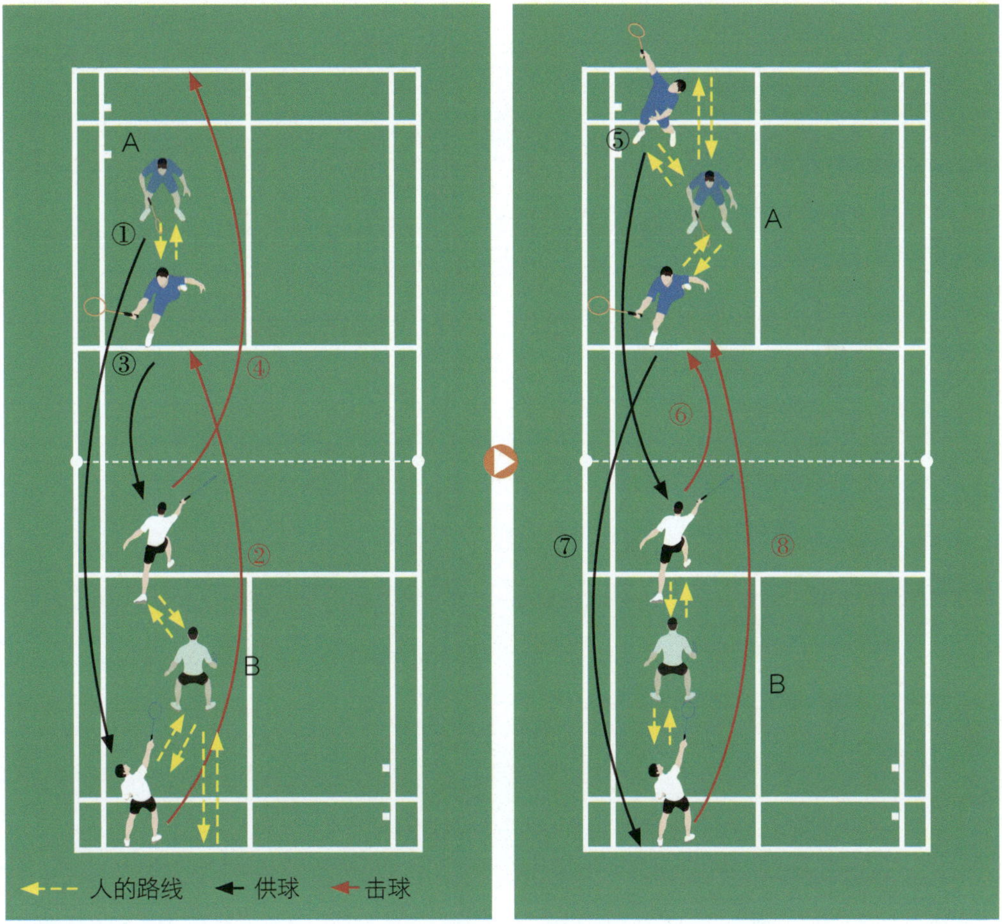

练习步骤

①～② 此练习需要 2 名练习者 A 与 B，分别占据两个半场的同一侧。A 向对方打出平高球。B 回击吊球。

③～④ A 用放网前球来回球。B 用挑球来回球，将球挑向对方后场。挑球后迅速退至后场，用球拍触及端线，然后迅速返回。

⑤～⑥ 针对 B 的挑球，A 用吊球来回球，将球击向对方正手网前。然后 B 用放网前球来回击对方的吊球。

⑦～⑧ A 用挑球，回击 B 的放网前球。A 将球挑向对方后场，然后迅速退至后场，用球拍触及端线。回到步骤②，B 回击吊球。如此进行重复练习。

练习

088 放网前球练习 4

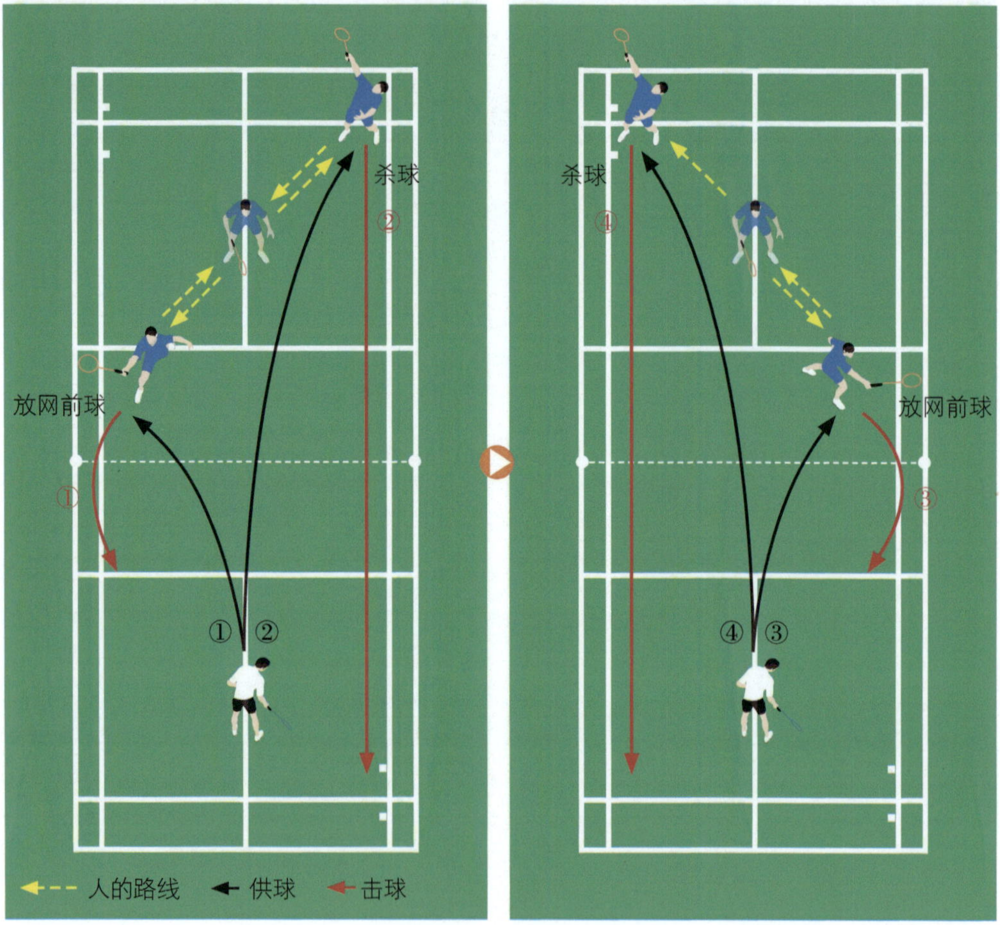

练习步骤

① 练习者站立于中场，面对球网以准备姿势站立。供球者位于另一半场。供球者向练习者正手网前发球，练习者用放网前球来回球，然后迅速退至场地中心。

② 供球者向练习者反手后场发球，练习者迅速退至后场，回击头顶杀直线球，然后迅速返回场地中心。

③ 供球者向练习者反手网前发球，练习者迅速反手上网，放网前球，然后迅速返回场地中心。

④ 供球者向练习者正手后场发球，练习者迅速退至后场，回击正手杀直线球，将球杀至对方底线附近。

练习

089 放网前球练习 5

练习步骤

① 练习者站立于中场，面对球网以准备姿势站立。供球者位于另一半场。供球者向练习者正手网前发球，练习者用放网前球来回球。

② 供球者向练习者正手中场位置发球，练习者回击正手杀直线球。然后练习者迅速返回场地中心。

③ 供球者向练习者反手网前发球，练习者用反手放网前球来回球。

④ 供球者向练习者反手中场位置发球，练习者回击头顶杀直线球。

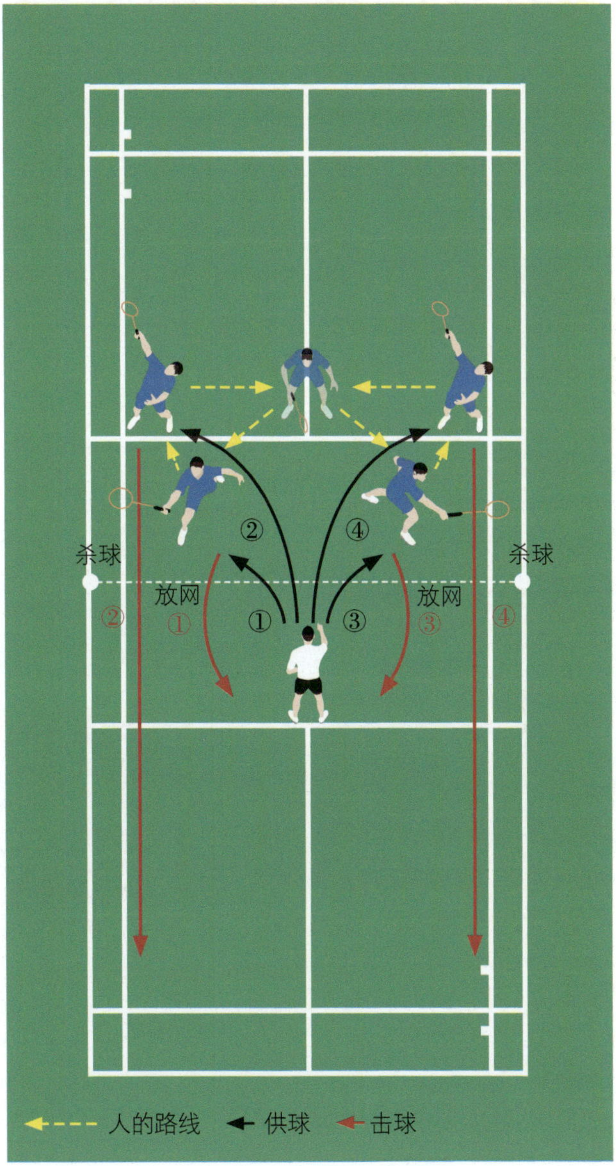

小提示

放网时击球点要高；杀球时速度要快，动作要果断。

技术解说

这种多球练习，可以养成放网后始终举拍的习惯，以便应对各种来球。如果每次放网后都放下球拍，而杀球又要求速度快，就会影响下次杀球的速度。

第 11 章 推球技术

推球技术是前场击球技术的一种，由于它击球点高，动作小而快，而且落点多变不定，很容易给对方带来威胁，是一种比较实用的击球技术。

练习

090 正手推球

扫码看视频

1

2

3

练习步骤

① 练习者面对球网，以准备姿势站立。供球者位于另一半场。

② 供球者向练习者正手网前发球，且过网后击球点仍接近于球网高度。练习者迅速向网前移动。

③ 练习者从较高的击球点，用推的动作将球推向对方后场。

小提示

推球动作，在上网时球拍要高举，提高击球点。

091 反手推球

扫码看视频

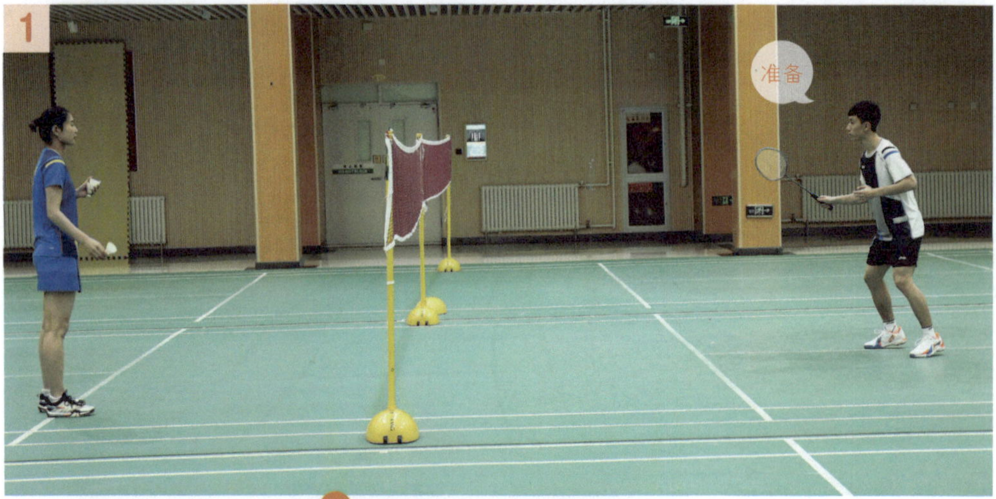

练习步骤

① 练习者面对球网，以准备姿势站立。供球者位于另一半场。

② 供球者向练习者反手网前发球，且过网后击球点接近于球网高度。练习者迅速向左转体侧身，向网前移动至合适位置，左脚蹬地，右脚向前跨步，正手握拍调整为反手握拍，举起球拍迎球。

③ 右脚落地的同时，从较高的击球点用推的动作将球推向对方后场。

练习

092 推球（两侧交替）

扫码看视频

1

2

3

4

练习步骤

① 练习者面对球网，以准备姿势站立。供球者位于另一半场。

② 供球者向练习者正手网前发球。练习者迅速转移至正手网前，正手推球。

③ 快速返回至中场，准备迎接下一个来球。

④ 供球者向练习者反手网前发球。练习者迅速转移至反手网前，反手推球。

小提示

推球后，对方的回球一般是网前球，己方可以再次推球进攻。

技术解说

击球时，拇指前压，手腕和手指瞬间发力击球。

093 先杀球后推球

扫码看视频

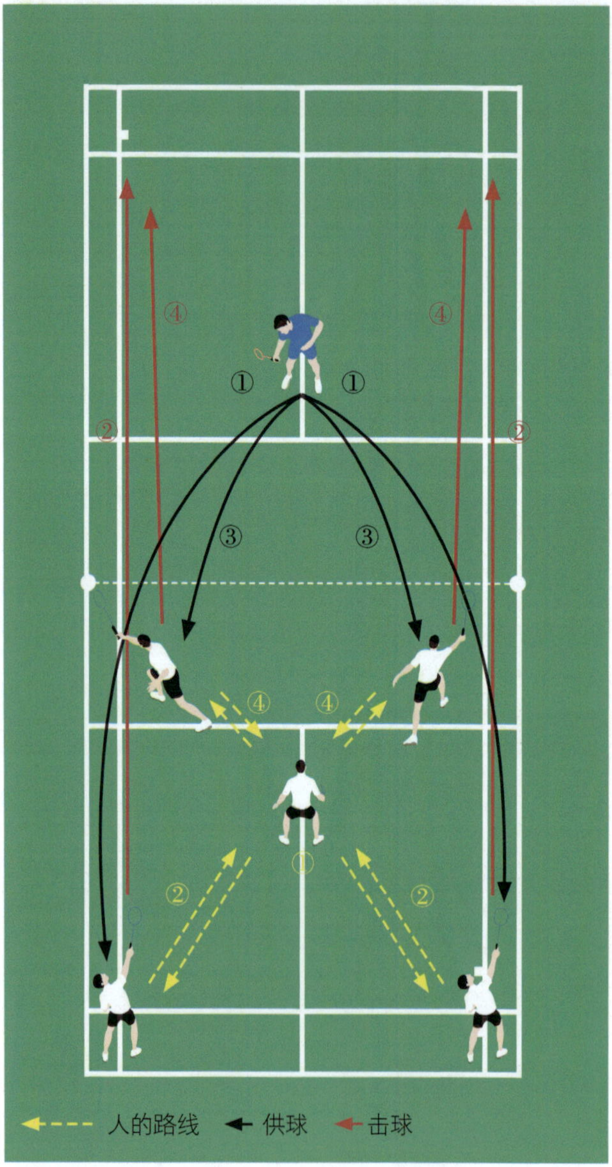

练习步骤

① 练习者站立于中场，面对球网以准备姿势站立。供球者位于另一半场，分别向练习者正手、反手后场发球。

② 练习者迅速转移至后场，向对方后场杀直线球。然后快速返回场地中心。

③ 供球者分别再向练习者正手、反手网前发球。

④ 练习者快速上网，将球推向对方后场，然后快速返回场地中心。如此重复练习。

技术解说

在实战中，如果己方的杀球被对方接到，对方一般会回击网前高球，此时再快速上网回击推球，能给对方带来很大威胁。

小提示

杀球结合推球，在单打比赛中是给对方带来威胁的打法。推球时注意保持上网举拍的动作，这能给对方带来心理压力。

练习

094 推击（插在球网上的羽毛球）

扫码看视频

练习步骤

① 在球网的反手位置上方白色布条上，放置一个羽毛球。练习者面对球网，以准备姿势站立。

② 练习者向左转体侧身，跨步向网前移动，正手握拍调整为反手握拍。

③ 在贴近羽毛球时，向身体方向引拍。

④ 将球拍向前推，推击羽毛球，使羽毛球过网落地。

技术解说

推球时，如果左脚蹬地稍稍起跳，可以提高球拍高度，提高击球点，有利于推球。

095 前场队员推球

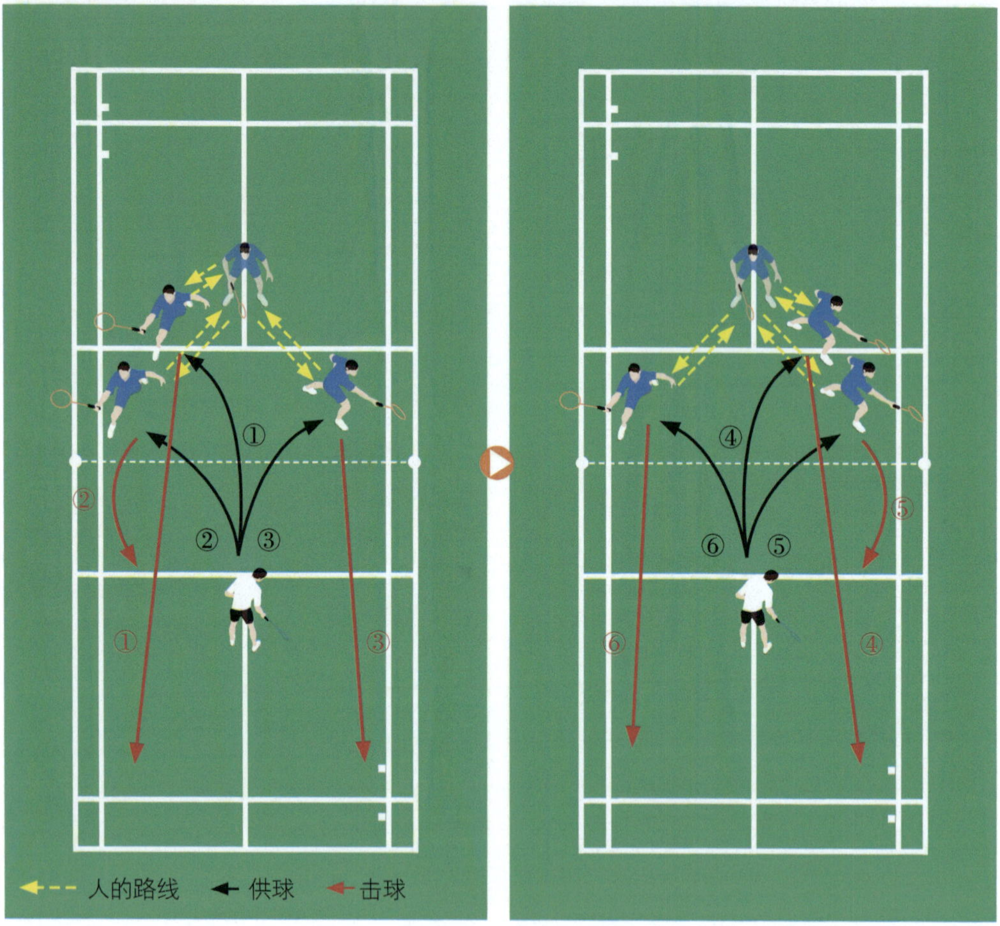

练习步骤

① 练习者站立于中场，面对球网以准备姿势站立。供球者位于另一半场，向练习者发出正手半场球。练习者正手推球，然后返回场地中心。

② ~ ③ 供球者向练习者正手网前发球，练习者向正手网前移动，正手放网，然后返回场地中心。供球者向练习者反手网前发球，练习者向反手网前移动，反手推球，然后返回场地中心。

④ ~ ⑤ 供球者向练习者发出反手半场球。练习者反手推球，然后返回场地中心。供球者向练习者反手网前发球，练习者向反手网前移动，反手放网，然后返回场地中心。

⑥ 供球者向练习者正手网前发球，练习者向正手网前移动，正手推球，然后返回场地中心。如此重复练习。

练习

096 推球技术练习 1

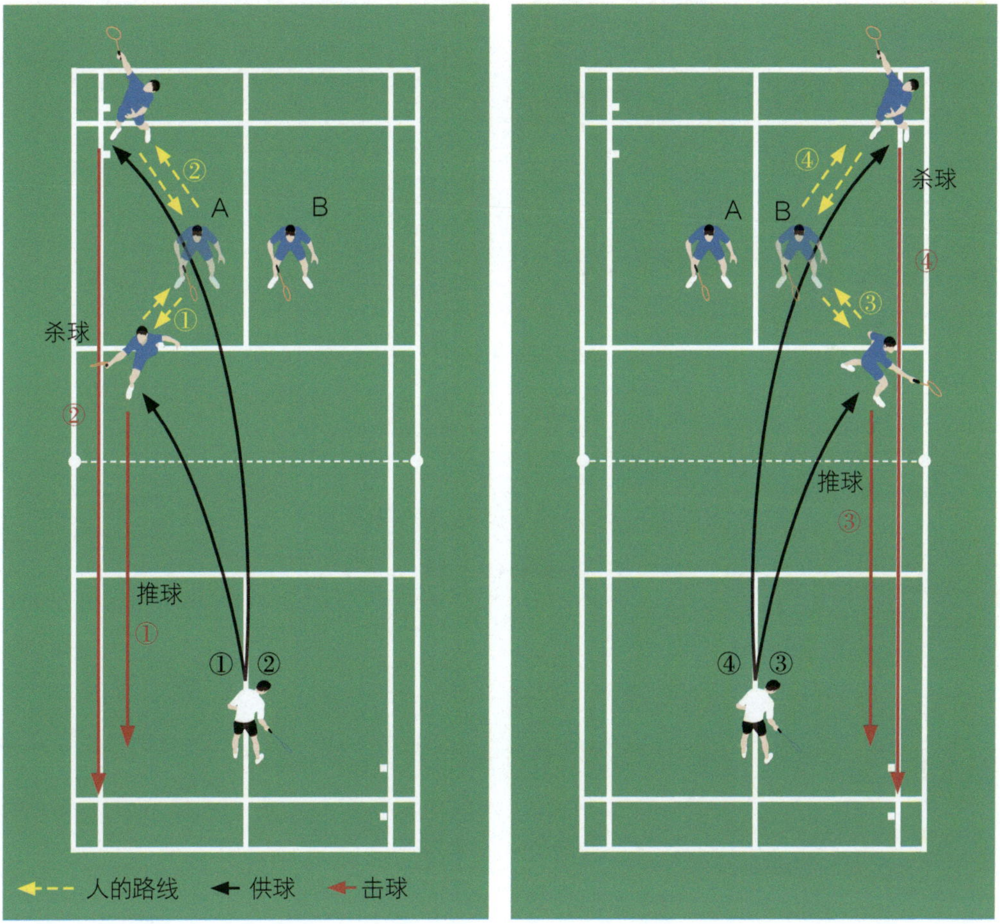

练习步骤

① 此练习需要 2 名练习者 A、B。2 名练习者站立于中场，面对球网，以准备姿势站立。供球者位于另一半场。供球者向练习者 A 正手网前发球。练习者 A 正手推球，然后返回场地中心。

② 供球者向练习者 A 正手后场发球。练习者 A 退至正手后场，回击杀球，然后返回场地中心。

③ 供球者向练习者 B 反手网前发球。练习者 B 反手推球，然后返回场地中心。

④ 供球者向练习者 B 反手后场发球，练习者 B 退至后场，回击头顶杀球，然后返回中场。如此重复练习。

练习

097 推球技术练习 2

小提示

杀球、平抽球和推球的组合，具有一定的进攻性，可一直保持进攻态势。在该组合练习中，注意保持回球的零失误，以及完成一个击球后，继续将拍子举起，缩短下一次击球的准备时间。

扫码看视频

3

4

7

8

练习步骤

① 练习者站立于中场，面对球网，以准备姿势站立。

② 供球者向练习者正手后场发球。练习者迅速向后场移动。

③ 双脚起跳，同时右臂引拍，然后闪腕击球，将球杀向对方场地。

④ 杀球后左脚先着地，右脚落在左脚前方，同时向身体左下方收拍，然后迅速返回场地中心。

⑤ 供球者向练习者正手中场发球。练习者向正手中场移动。

⑥ 回击平抽球。

⑦ 向身体左下方收拍，迅速返回场地中心。

⑧ 供球者向练习者正手网前发球。练习者向正手网前移动。

⑨ 回击推球，然后迅速返回场地中心。

098 推球技术练习 3

练习步骤

① 练习者面对球网，以准备姿势站立。

② 供球者向练习者正手网前发球。练习者向正手网前移动。

③ 练习者用放网前球来回球。

④ 迅速返回场地中心做好下一次击球准备。

⑤ 供球者向练习者反手后场发球。练习者向反手后场移动。

⑥ 移动至击球点在左肩前上方时，向左转体侧身，起跳，回击头顶杀球。

⑦ 供球者向练习者正手网前发球。练习者向正手网前移动。

⑧ 回击推球。

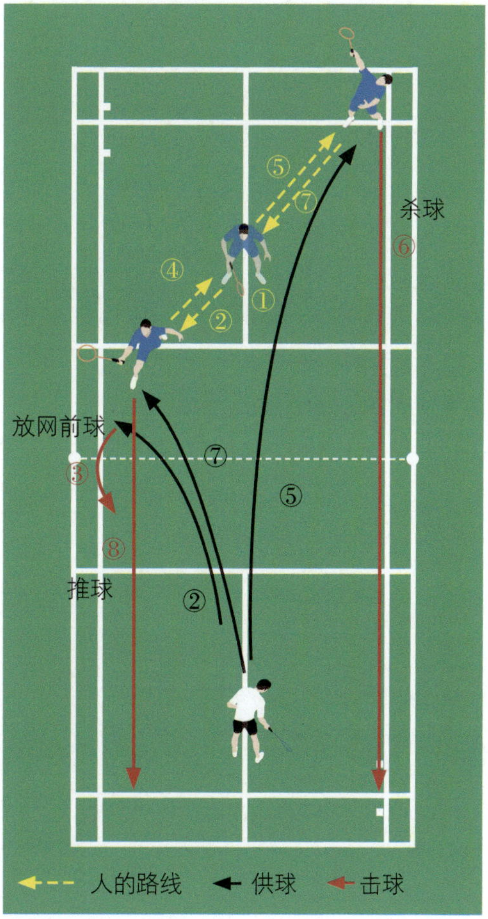

小提示

此练习通过放网前球，为己方进攻制造机会，然后通过杀球和推球发起进攻。

099 推球技术练习 4

练习步骤

① 练习者面对球网，以准备姿势站立。

② 供球者向练习者反手网前发球。练习者向反手网前移动。

③ 右臂前伸迎球，左臂向相反方向打开，保持身体平衡。

④ 用放网前球回球。

⑤ 供球者向练习者正手后场发球。练习者向正手后场移动。

⑥ 移动至击球点在右肩前上方时，向左转体侧身，起跳，回击正手杀球。

⑦ 杀球后左脚先着地，右脚落在左脚前方，顺势将拍子收回身体左后方。

⑧ 供球者向练习者正手网前发球。练习者向正手网前移动。

⑨ 右臂前伸迎球，左臂向相反方向打开，保持身体平衡。

⑩ 回击推球。

第12章 勾球技术

由于勾球是将对方击到自己正手、反手网前的球，用勾对角的方式回击到对方网前，因此也叫网前勾对角技术。勾球富有技巧性，配合推球、搓球等网前球技术，在战术上有声东击西的作用。

练习

100 正手勾球

扫码看视频

练习步骤

① 面对球网，以准备姿势站立。

② 判断来球为己方正手网前时，练习者使用脚步向正手网前移动。

③ 右脚向来球方向跨出一步，提高身体重心，向来球位置举拍迎球。

④ 来球过网后，右臂内旋，拍面竖起，闪腕挥拍，将球击向对方正手网前的角落。

技术解说

击球时拍面竖起，手臂有回拉动作。

小提示

勾对角线球，从场地中心向场地两角移动，移动步法要快。在击完球返回场地中心时，速度也要快。

练习

101 反手勾球

扫码看视频

练习步骤

① 面对球网，以准备姿势站立。

② 判断来球为己方反手网前时，向左转体侧身，右脚蹬地发力，左脚向来球方向迈出一步。

③ 右脚向来球方向继续跨出一步，提高身体重心，向来球位置举拍迎球。

④ 来球过网后，右臂内旋，手腕先屈曲，然后再向外闪腕，依靠拇指内侧和中指向右推拍柄，击打球托，让球以对角线轨迹飞向对方正手网前角落。

技术解说

反手勾对角线球，右臂外旋，带动手腕展腕发力，用斜拍面切击球托的左后侧。

练习

102 正手勾球（对角双人）

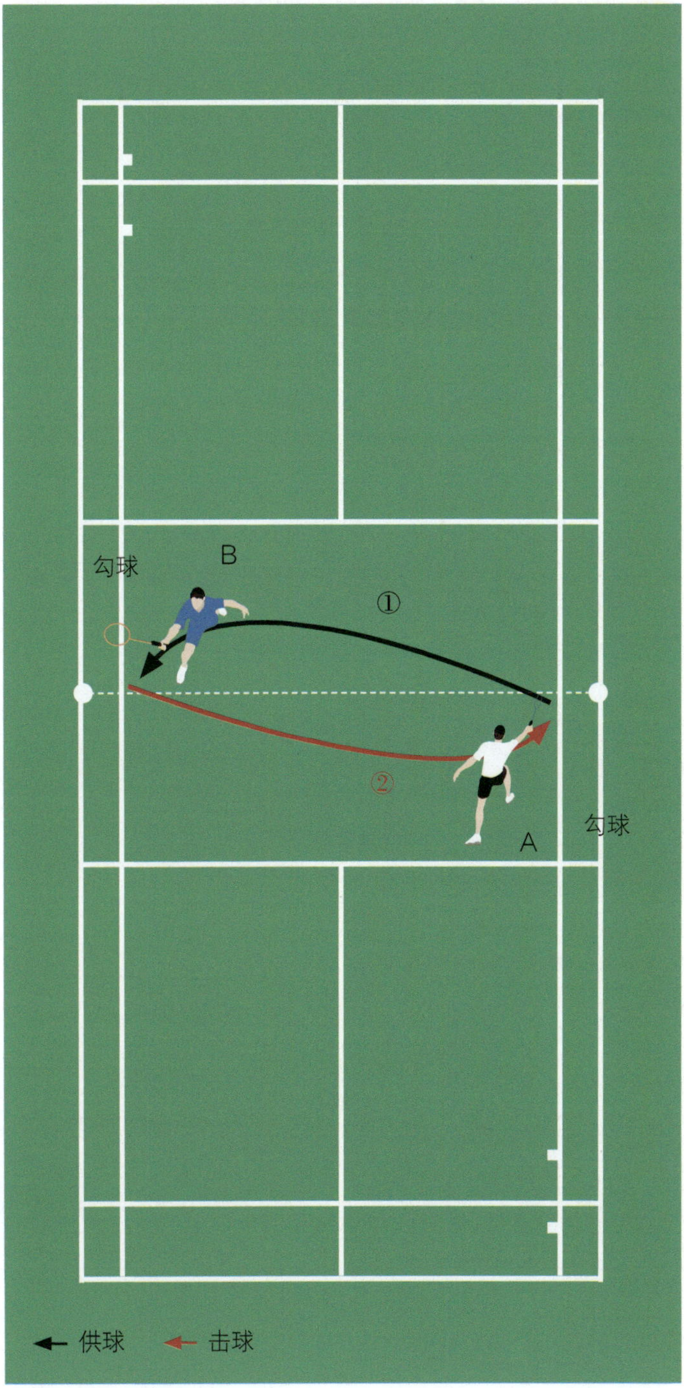

练习步骤

① 此练习需要 2 名练习者 A、B，分别位于自己场地的正手网前，在角落位置站好。然后 A 用勾球技术将球击向 B 正手网前的角落，即 B 所在位置的网前。

② B 也回击勾球，将球击向 A 正手网前的角落。如此重复练习。

小提示

勾球练习中，要注意根据来球调整拍面的角度，用拍面切球，让球的飞行速度更快。食指和拇指可控制拍面角度，让球托顺着自己希望的方向飞过去。

103 反手勾球（对角双人）

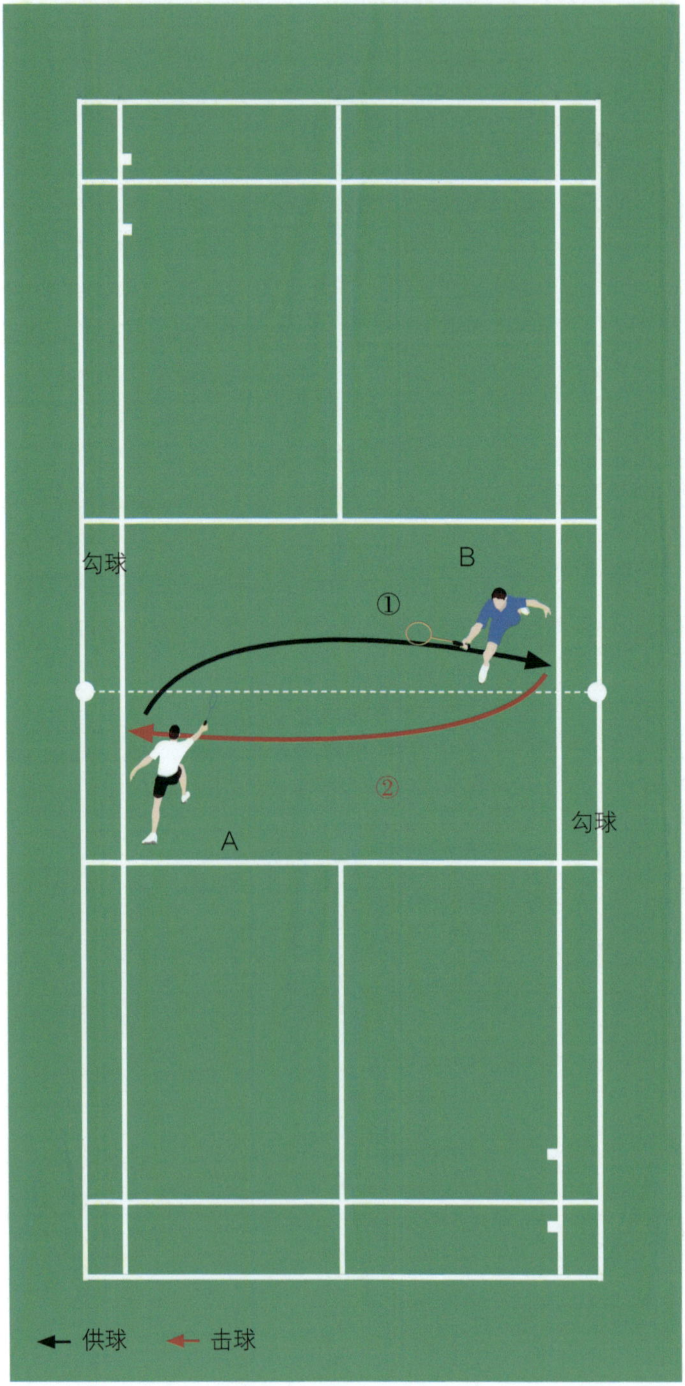

练习步骤

① 此练习与上一练习相反，都用反手位击球，2名练习者A、B分别位于自己场地的反手网前，在角落位置站好。然后A用反手勾球技术将球击向对方B反手网前的角落，即B所在位置的网前。

② B也回击反手勾球，将球击向A反手网前的角落。如此重复练习。

技术解说

反手互相勾球的练习，与正手互相勾球的练习相同，能充分练习勾球技术。反手勾球难度稍高一点，同样要注意控制球拍的倾斜方向。

练习

104 勾球接球

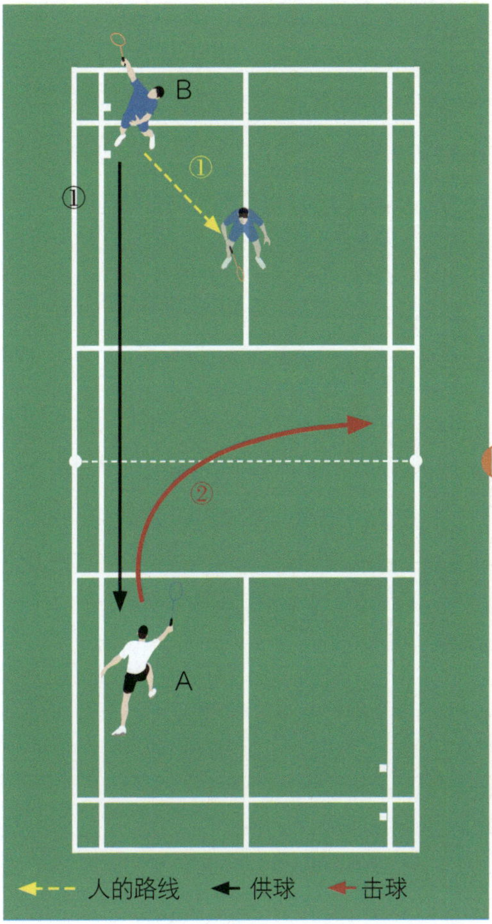

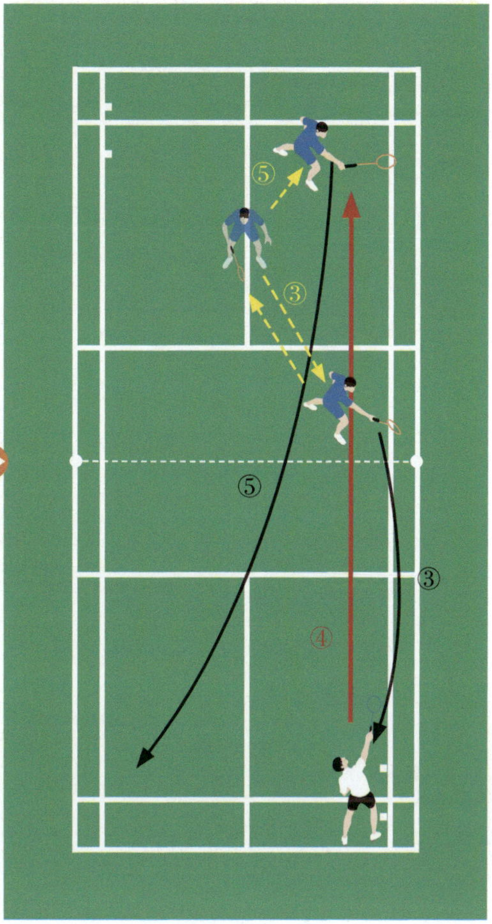

练习步骤

① 练习者 A、B 都位于场地的同一半侧，B 将球击打至 A 的反手网前。然后迅速回到场地中心。

② A 回击勾对角线球，将球勾至 B 的反手网前。

③ B 迅速移动至反手网前，将球挑向 A 的正手后场。然后迅速回到场地中心。

④ A 回击杀球。

⑤ B 迅速移动至反手后场，挑对角线高远球。

小提示

该练习综合了勾球、挑球、杀球技术，将这几种球的练习与正手网前、反手网前、正手后场、反手后场的多种步法结合起来，综合性很强。

第 13 章
扑球技术

当来球在网顶上方时，用扑球动作，可以快速将球扑向对方场地。扑球距离短，速度快，是带给对方较大威胁的网前球技术。但由于距离球网太近，扑球后要及时停住，防止身体触网。

练习

105 正手扑球

扫码看视频

1

2

3

练习步骤

① 面对球网，以准备姿势站立。

② 判断来球为正手网前，且击球点较高时，使用正手扑球技术。扑球需要提高身体重心，且需要速度快。双脚蹬地发力，尤其是右脚，右脚蹬地后向来球方向跳起。右臂向身后引拍。

③ 右臂内旋，从右向左屈腕，击球使球飞向左下方。右脚在前方落地。

小提示

根据来球过网后击球点位置的高低，采用不同的击球方法。如果来球过网后击球点较高，可从右向左屈腕击球。如果来球过网后击球点较低，可采用滑动切击的方法击球，这样能避免球拍触网。

106 反手扑球

扫码看视频

技术解说

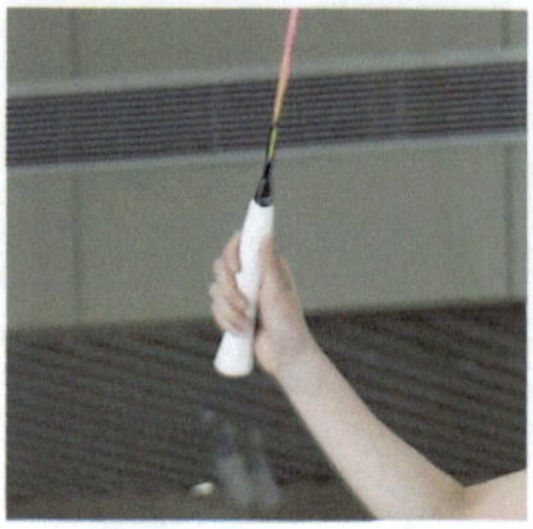

在反手网前扑球时，转体过程中，及时将正手握拍调整为反手握拍，借用拇指顶压的力量扑球。

练习步骤

① 判断来球为反手网前时，可快速起动，向左转体侧身。

② 双脚蹬地发力，尤其是右脚，右脚蹬地后向来球方向跳起。右臂向身后稍稍引拍。

③ 伸直右臂，外旋，拇指顶压拍柄，挥拍击球。如果来球过网后击球点较低，则击球时，手臂外旋，利用展腕的力量来滑动切球，达到扑球的目的，这样可以避免球拍触网。

练习

107 手抛球多球练习

扫码看视频

练习步骤

① 练习者面对球网，以准备姿势站立。供球者位于另一半场。

② 供球者向练习者正手网前发球。练习者快速向正手网前移动。

③ 练习者回击正手扑球。

④ 正手扑球后，练习者迅速返回场地中心，准备迎接下一个来球。

⑤ 供球者向练习者反手网前发球。练习者快速向反手网前移动。

⑥ 练习者回击反手扑球。

108 上网扑球

扫码看视频

练习步骤

① 练习者站在己方半场，贴近中线位置，左手在腹部前方持球，右手反手持拍放置于球的后方，反手发球至对方正手网前。

② 对方回球至练习者的反手网前，练习者向对方的后场挑出高远球。

③ 对方将球回击到练习者的反手网前，练习者快速起动，跳起迎球。

④ 练习者回击扑球。

小提示

该练习既有击向对方后场的高远球，也有扑向对方前场的扑球，融防守与进攻在一起。两人一起练习时，尽量不然让球落地，重复练习。

第14章
平抽球技术

平抽球是中场重要的击球技术，在中场回击球时，如果击球点位于肩部以下，可以用平抽球的方法来回球。平抽球以接近球网高度的较平的弧线飞行，速度快，具有很强进攻性，往往能给对方带来威胁。

练习

109 正手平抽球

扫码看视频

练习步骤

① 面对球网，以准备姿势站立。

② 来球方向为正手中场时，快速起动，向右转体侧身。

③ 左脚蹬地，右脚向右迈步。右臂向右伸出。

④ 右脚落地，右肘后摆，小臂外旋，朝右后方引拍。

⑤ 从右后方向右前方挥拍，球拍的轨迹接近水平，平扫击球。

小提示

平抽球的引拍动作，需要屈肘抬肘，肘部夹角为 80~90 度。击球动作快而用力，闪腕完成。

练习

110 反手平抽球

扫码看视频

练习步骤

① 面对球网，以准备姿势站立。

② 判断来球方向为反手中场时，右脚快速蹬地发力，向左转体侧身，右脚向左前方跨出一步。

③ 右脚落地，同时右臂抬肘，小臂内旋，展腕，引拍。

④ 向右侧身，右臂外旋，闪腕，将球从左后方向左前方平扫击出。

技术解说

平抽球威力大，需要较大的力气，因此击球的瞬间，需要握紧拍柄。

111 平抽球（正反手交替练习）

练习步骤

① 练习者面对球网，以准备姿势站立。供球者位于另一半场。

② 供球者向练习者正手中场发球，且击球点位于肩部以下。练习者快速起动向右前方迈步。

③ 回击正手平抽球。

④ 快速返回场地中心。

⑤ 供球者向练习者反手中场发球，练习者快速向左转体侧身，右脚向来球方向跨出，回击反手平抽球。

扫码看视频

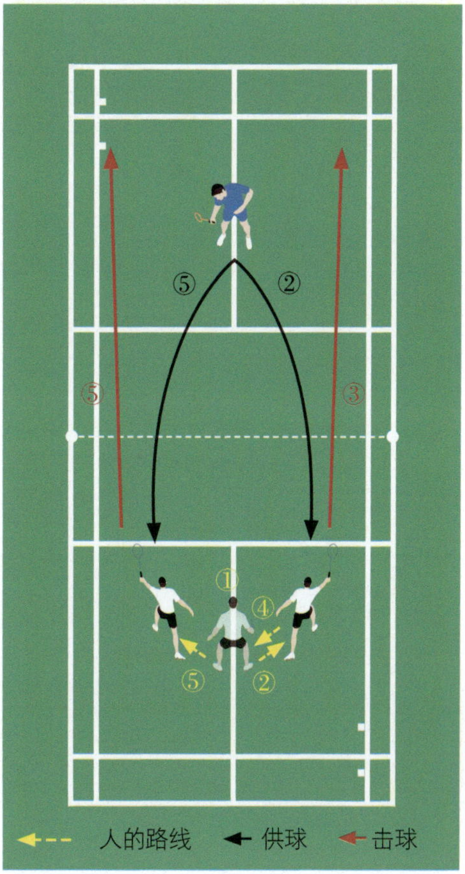

小提示

平抽球的飞行路线很平，几乎平行于地面，因此需要用球拍横扫来完成。

112 平抽球（1 对 1 半场）

扫码看视频

练习步骤

① 此练习中的 2 名练习者 A 与 B，分别占据两个半场的同一侧。两人进行 1 对 1 的平抽练习。

② A 将球平抽至 B 的反手一侧，B 转体侧身准备接球。

③ B 回击反手平抽球。之后 A 轮流向 B 的正手侧和反手侧击打平抽球，B 根据需要回击正手或反手平抽球。重复练习。

热身活动
熟悉羽毛球
步法
发球技术
接发球技术与多球练习
杀球技术
高远球技术

练习

113 移动抽球（中场反手平抽球）

扫码看视频

1

2

3

小提示

此练习针对反手平抽球技术，判断来求方向很重要，及时向来球方向移动，然后做到在身体前方击球。

练习步骤

① 练习者面对球网，以准备姿势站立。供球者位于另一半场。

② 供球者将球平抽至练习者的反手中场，练习者转体侧身，向来球方向跨出一步，并向身体左后方引拍。

③ 右脚落地，同时右臂向来球方向伸出，回击反手平抽球。然后快速返回到场地中心。和供球者进行连续的练习。

114 平抽球（全场多球练习）

小提示

供球者供球时，可向练习者身体前后左右轮流发球，可锻炼练习者的移动能力，以及对中场球的应变能力。练习者在整个练习中都采用平抽球的方法回击。

练习步骤

① 练习者面对球网，以准备姿势站立。供球者位于另一半场，准备分别向练习者中场多个位置发球。

② 供球者向练习者正手中场发球，球速可根据需要进行调整，有快速也有慢速。练习者向右转体移动，右臂向来球方向伸出。

③ 回击正手平抽球。然后快速返回场地中心。

扫码看视频

④ 供球者发球至练习者的反手中场。练习者向左转体，左脚蹬地发力，右脚向左前方跨出一步。

⑤ 右脚落地，同时右肘抬起，小臂内旋，展腕，向身体左后方引拍。左臂向左后方展开，起到平衡身体的作用。

⑥ 右臂外旋，拇指顶拍柄，回击反手平抽球。然后快速返回到场地中心。

技术解说

平抽球技术中，反手平抽球用得最多，且威力大于正手平抽球。当来球为近身球时，即使是位于右侧腋下位置的球，用反手平抽球技术击球也更加容易。

115 对墙练习

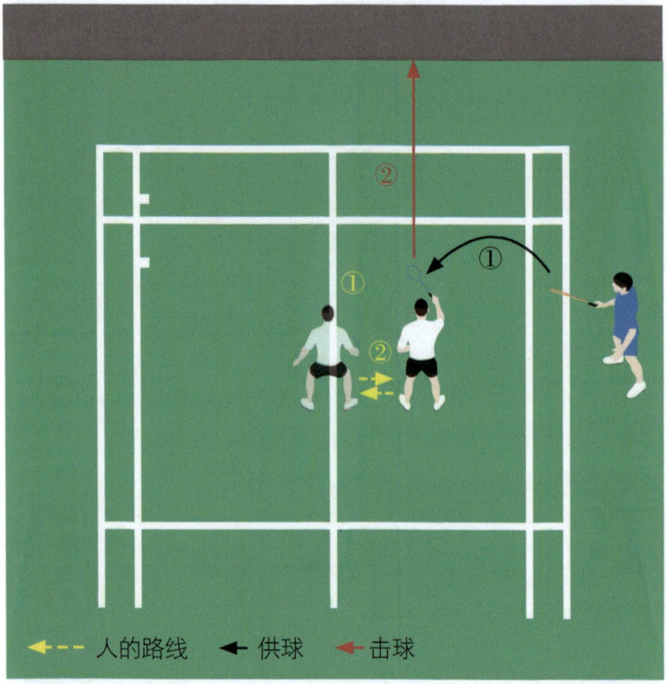

练习步骤

① 练习者站立于场地中心，背对球网，面对墙壁，降低身体重心，采取正常准备姿势。供球者位于练习者右侧场外，站在容易给出中场球的位置。供球者向练习者正手中场供球。

② 练习者向右侧移动，用平抽球技术将球击向墙面。然后返回场地中心。可连续进行练习。

③ 也可以一个人进行对墙平抽球练习，且正反手交替进行。站立于正手场地，背对球网，面对墙壁，用平抽球技术将球击向墙壁。然后球反弹至反手场地。

④ 练习者迅速向左转体，正手握拍调整为反手握拍，将反弹过来的球用反手平抽球技术将球击向墙壁。然后快速向正手场地移动，正手抽球。如此重复练习。

练习

116 平抽球练习 1

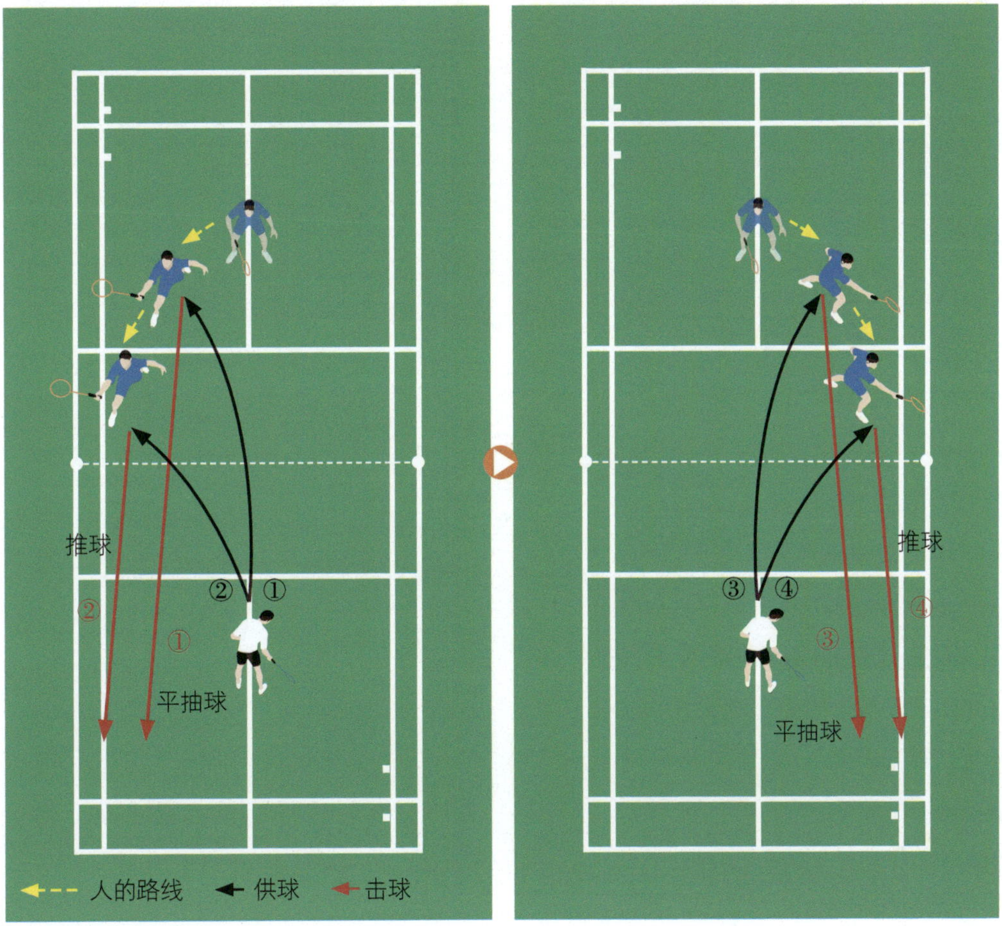

练习步骤

① 练习者面对球网，以准备姿势站立。供球者位于另一半场，向练习者正手中场发球。练习者迅速向正手中场移动，回击平抽球。

② 供球者向练习者正手网前发球。练习者快速迈向正手网前，回击推球。将球回击至对方的后场。

③ 供球者向练习者反手中场发球。练习者迅速向反手中场移动，回击反手平抽球。

④ 供球者向练习者反手网前发球。练习者快速迈向反手网前，回击推球。将球回击至对方后场。

117 平抽球练习 2

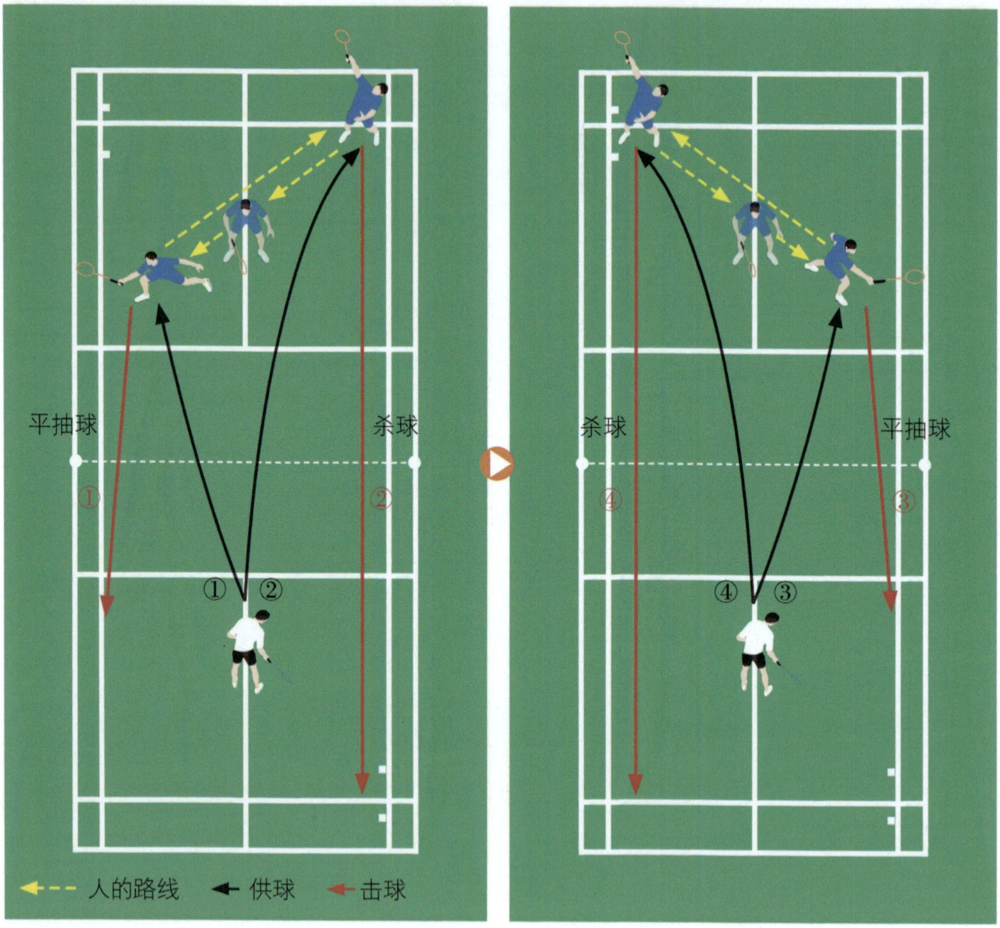

练习步骤

① 该练习综合了平抽球与后场边线杀球的内容。练习者位于场地中心，供球者位于另一半场，供球者向练习者正手中场发球。然后练习者迅速向正手中场移动，回击平抽球。

② 供球者向练习者反手后场发球，练习者迅速向反手后场移动，回击头顶杀边线球。然后迅速返回场地中心。

③ 供球者向练习者反手中场发球。练习者迅速向反手中场移动，回击反手平抽球。

④ 供球者向练习者正手后场发球，练习者迅速向后场移动，回击正手杀边线球。然后迅速返回场地中心。

练习

118 平抽球练习 3

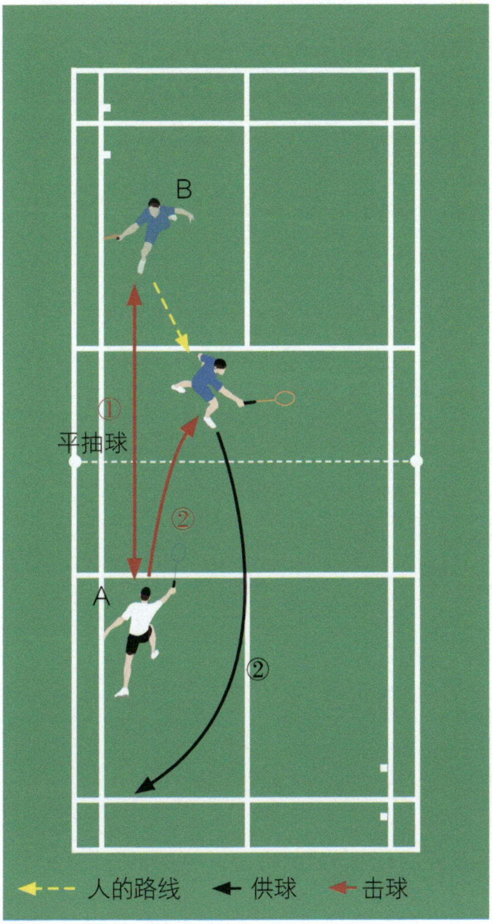

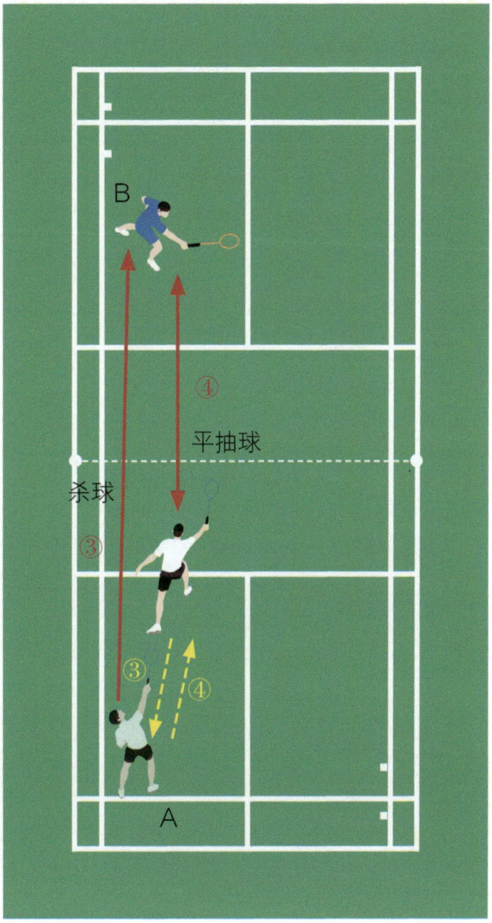

练习步骤

① 该练习为杀球与平抽球的对打练习，需要 2 名练习者 A 与 B。两人位于各自场地相同的一侧，进行平抽球对练，最后 B 将球平抽给 A。

② A 将球击向 B 的反手网前。B 迅速向反手网前移动，将球挑向 A 的后场。

③ A 迅速返回后场，用头顶杀直线球，将球杀向对方中场。

④ B 将球平抽给 A，两人继续进行平抽球对练。重复进行练习。

小提示

该练习偏重于对攻击的练习。在平抽球的对打练习环节，尽量不要让球落地。前后场的移动速度要快一些。

119 平抽球练习 4

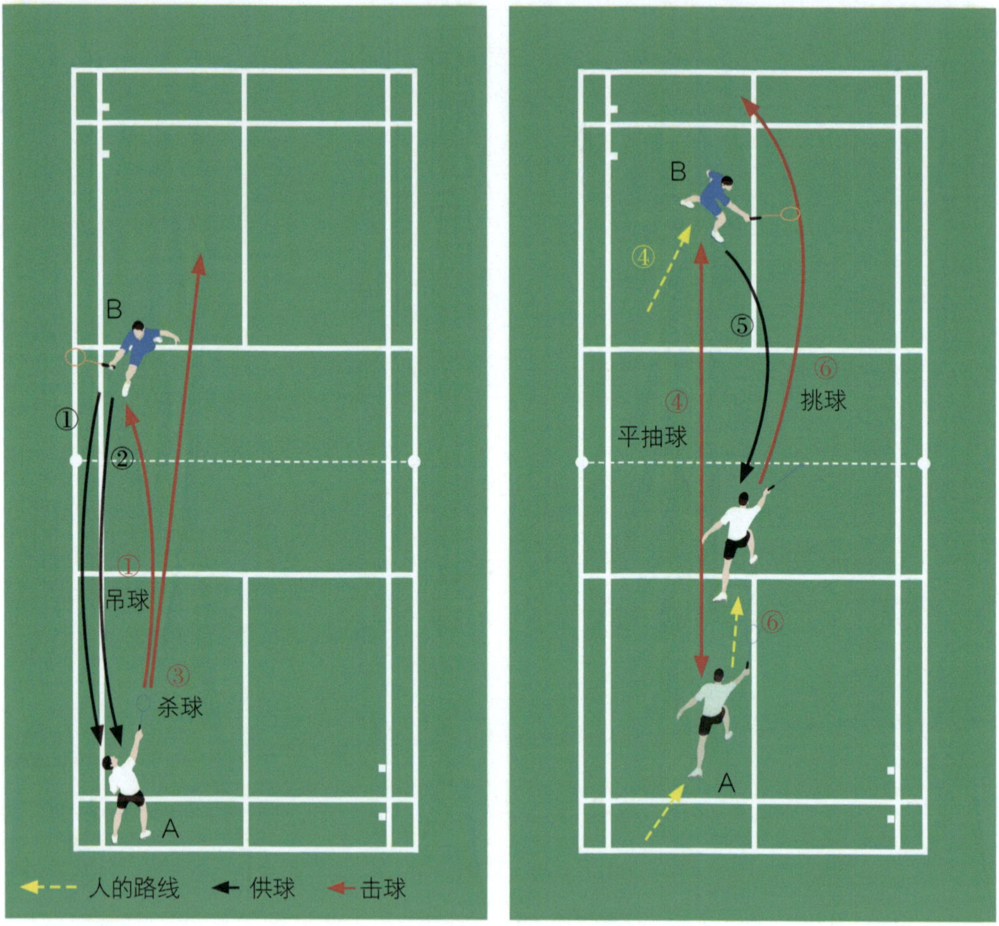

练习步骤

① 该练习为杀球、吊球与平抽球的对打练习，需要 2 名练习者 A 与 B。两人位于各自场地相同的一侧。B 将球挑向 A 的后场，A 回击吊球。

② B 再次将球挑向 A 的后场。

③ A 回击杀球，将球击向对方中场。

④ B 向中场移动回击平抽球，并与 A 进行平抽球的对练。

⑤ B 突然放网前球。

⑥ A 迅速向网前移动将球挑向对方后场。如此进行重复练习。

小提示

该练习侧重于对进攻技术的练习，在起动和移动时，速度都要加快，增加攻击性。

练习

120 连续进攻

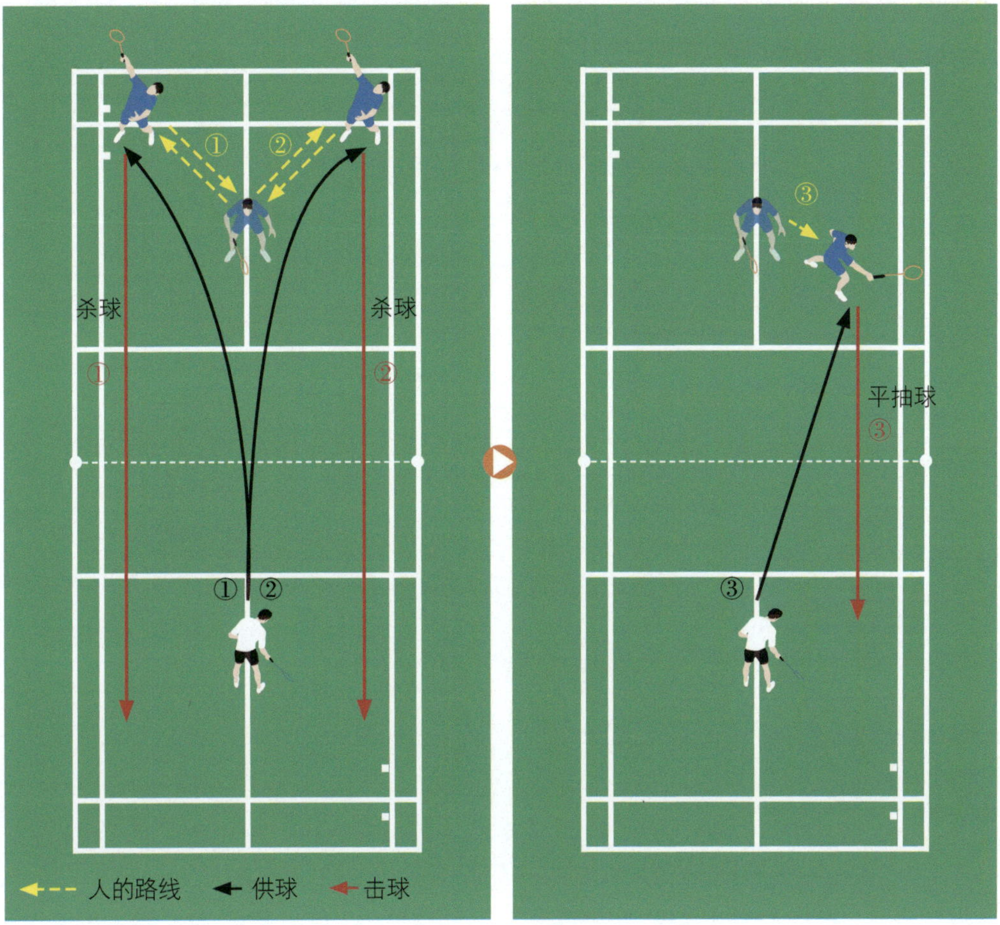

练习步骤

① 练习者面对球网，以准备姿势站立。供球者位于另一半场，发出正手高远球。练习者迅速向正手后场移动回击杀球。然后迅速返回场地中心。

② 供球者向练习者反手后场发球，练习者迅速向反手后场移动，回击头顶杀直线球。然后迅速返回场地中心。

③ 紧接着供球者向练习者反手中场发球，练习者迅速向左转体，向反手中场移动，回击反手平抽球。

作者简介

索敌

本科毕业于中国科技大学，目前在北京体育大学攻读硕士研究生学位，是前中国国家羽毛球队女单一队队员。曾多次获得全国羽毛球团体、单项冠军以及前三名；连续两年获得亚洲青年羽毛球锦标赛混合团体和女子单打冠军；曾获得世界青年锦标赛团体、单项冠军及前三名，世界级公开赛冠军等。2009年被授予运动健将称号，2019 年退役。同年任中国青年队教练，现担任北京羽毛球专业队女单主教练。

模特简介

赵志蕲

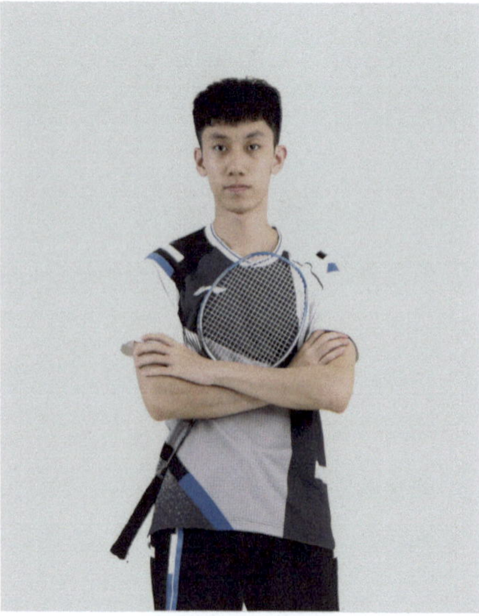

北京体育大学学生，北京羽毛球专业队队员。曾获 2018 年全国 U14–15 羽毛球比赛总决赛 15 岁组男子双打亚军、2018 年全国体校 U 系列羽毛球锦标赛 U15 男子双打冠军和单打季军、2019 年北京市 U8–19 羽毛球比赛 16 岁组男子单打和双打冠军、2020 年北京市青少年羽毛球锦标赛甲组男子单打亚军等。打球特点：步法灵活、跑动能力强、擅长拉吊突击。